모든 일에는 다 순서가 있는 법

모든 일에는
다 순서가 있는 법

순서를 아는 순간
모든 것이 순조로워진다!

한근태 지음

클라우드나인
CLOUD 9

모든 일에는 순서가 있는 법이다

　'장유유서' '연공서열' '선입선출'과 같은 사자성어와 "천릿길도 한 걸음부터" "윗물이 맑아야 아랫물이 맑다."라는 격언은 모두 순서에 관한 말이다. 우리만 순서의 중요성을 강조하는 건 아니다. 서양도 우리 못지않다. "소중한 것을 먼저 하라First things first." "말 앞에 수레를 놓지 마라Don't put the cart before the horse."라는 말이 그렇다. 이 책은 순서에 관한 책이다. 순서는 무엇이고, 순서가 왜 중요하고, 순서를 어기면 어떤 일이 벌어지는지, 그리고 순서와 관련한 다양한 사례와 거기 숨어 있는 가치관과 숨은 뜻을 발견하려고 노력했다.

　순서順序의 사전적 의미는 사물이나 사건이 일정한 규칙, 시간, 논리, 우선도에 따라 진행되는 체계 또는 배열이다. 순서에는 시간적 순서, 공간적 순서, 논리적 순서, 중요도와 급함의 순서, 사회적 순서 등이 있다.

　순서는 가치를 드러낸다. 여성의 시대라고 아무리 우겨도 우리는 남성 위주의 사회다. 말 속에 그게 다 담겨 있다. '남녀노소' '남부여대' '남남북녀'라는 말 모두 남자가 맨 앞에 있다. 말로는 여성이 우선이라고 하지만 단어를 보면 남성이 우선이다. 연설할 때도 우리는 '신사 숙녀 여러분'이라고 한다. 서양은 그렇지 않다. '레이디스 앤드 젠틀맨$_{Ladies\ and\ gentleman}$'이 자연스럽게 나온다. '레이디 퍼스트$_{Lady\ first}$'라는 말도 있다. 여성이 우선이란 걸 말에서 느낄 수 있다. 우리가 욕을 할 때는 '이 연놈들'이라고 하면서 여자를 앞세운다.

'사농공상$_{士農工商}$'이라는 말도 직업의 가치관을 드러낸다. 선비를 뜻하는 사$_{士}$가 가장 우선이고 물건을 만드는 공$_{工}$과 사업하는 상$_{商}$은 아래로 본다. 직업에는 귀천이 없다고? 그렇지 않다. 아직도 사가 위고 나머지는 다 사를 보좌한다고 생각한다. 공부 잘하면 법대에 가고 국회의원 대부분이 법조인 혹은 관료 출신이다. 국회의원 중 엔지니어나 사업가는 극소수다. 패권국가의 필수조건이 기술과 사업인데 우리는 아직 원시시대를 살고 있는 셈이다. 인간의 필수조건인 '의식주$_{衣食住}$'도 가치관을 드러낸다. 옷이 먼저, 다음은 먹는 것, 마지막이 사는 집이다. 서양은 다르다. '식의주$_{Food,\ Clothing,\ Shelter}$'의 순서다. 먹는 것이 최우선이다. 다음이 입는 것이고 그다음이 사는 곳이다. 사실 위기 상황에서 먹는 게 우선이지 어떻게 사는 곳이 우선일 수 있을까?

순서는 프레임이다. 순서에 따라 맥락이 바뀐다. 앞에 오는 것이 뒤에 오는 것에 영향을 준다. 사람에 대한 평가를 할 때도 처음 하는 평가가 뒤에 하는 평가에 영향을 미친다. 그 사람은 이러이러한 면은 좋은데 다른 면은 좋지 않다고 하면 사람들은 앞의 평가에 많은 영향을 더 받는다. 노래도 순서가 중요하다. 음치 뒤에 할지 조용필 뒤에 할지에 따라 반응이 크게 달라진다. 회의할 때도 문제점을 먼저 얘기하고 좋았던 일을 얘기하는 것과 좋았던 일을 얘기한 후 문제점을 얘기하는 것은 다르다. 분위기에 큰 영향을 준다. 강연도 그렇다. 앞 강사가 횡설수설하고 집중을 못 시키면 상대적으로 다음 강사가 유리하다. 반대로 앞 강사가 사람들을 웃기고 들었다 놨다 하면 다음 강사는 잘해야 본전이다. 순서는 프레임이다.

일에도 순서가 있다. 흔히 좋아하는 일을 하라고 하는데 이 말을 들을 때마다 난 고개를 갸우뚱하게 된다. 과연 그게 맞는 말인지 의문을 품지 않을 수 없다. 근데 그 좋아하는 일을 어떻게 찾느냐고? 가만히 있는데 좋아하는 일이 "짠!" 하고 나타나지는 않는다. 좋아하는 일을 찾기 전에 해야만 하는 일과 주어진 일을 지극정성으로 해야 한다고 생각한다. 사소한 일이라도 비범하게 해야 한다. 그럼 서서히 하는 일 안에서 혹은 주변에서 좋아하는 일이 고개를 내밀게 된다. 대부분 사람은 그렇지 않다. 주어진 일은 대충 한다. 내가 이 정도의 일을 할 사람은 아니라고 생각하면서 자신이 좋아하는 일을 찾는다고 여기저기 헤맨다. 근데 좋아하는 일은 쉽게 자기 모습을 드러내지 않는다. 순서가 잘못이기 때문이다. 좋아하는 일을 하고 싶다고? 가장 먼저 해야 할 일이 있다. 반드시 해야 할 일, 주어진 일을 해치우는 것이다.

순서는 생산성이다. 최고의 생산성을 내려면 순서를 생각해야 한다. 순서가 바뀌면 시간이 낭비되고 성과가 줄어든다. '절차탁마切磋琢磨

琢磨'도 순서를 드러낸다. 자르는 게 먼저고 다듬는 건 마지막이다. 만약 다듬은 후 자른다면 어떨까? 닦고 조이고 기름 치는 것도 그렇다. 닦는 게 먼저고 마지막은 기름 치는 것이다. 소동파가 주장한 '후적박발厚積薄發'이란 말은 공부의 순서를 나타낸다. 일단 두텁게 쌓은 후 살짝 드러내라는 뜻인데 쌓는 것이 먼저고 드러내는 것은 나중이란 말이다. 먼저 두텁게 공부하고 살짝 드러낸 것이다. 근데 대부분 반대로 한다. 아는 것도 없으면서 자꾸 잘난 척을 하고 드러내려고 한다.

사소하게 눈 치우는 일에도 순서가 중요하다. 1년에 눈 오는 날이 170일이 되는 스웨덴이 특히 그렇다. 이들에게 제설작업만큼 중요한 건 별로 없다. 원래 이들은 통근에 지장이 없도록 주요 도로부터 제설작업을 시작해 보행자도로와 자전거도로를 치웠다. 근데 어느 순간 제설작업 순서의 문제점을 발견한다. 차로 주로 이동하는 남성보다 대중교통을 이용하거나 걸어서 다니는 여성의 부상률이 세 배나 높고 이 때문에 의료비용도 많이 나간다는 사실을 발견한다. 제설작업 순서를 바꾸면서 부상도 줄고 의료비용도 줄었다고 한다.

낭비를 죄악시하는 도요타는 늘 '3무'를 강조한다. '무리, 무다, 무라'가 그것이다. 무리無理는 말 그대로 무리하지 말라는 것이고 무다無駄는 낭비라는 말이다. 무라斑는 고르지 못하다는 뜻인데 편차를 말한다. 영어로는 '플럭추에이션Fluctuation'이다. 바쁠 때와 그렇지 않을 때의 편차가 큰 걸 말한다. 셋 중 무라를 가장 먼저 없애야 한다. 무라가 먼저고 나머지는 무라의 결과물이다. 계절 요인이 큰 사업인

세탁업을 보자. 환절기에 많은 양의 세탁물이 들어온다. 그럼 바쁜 시기에 맞춰 설비를 들여놓고 사람을 뽑는데 그러다 바쁜 시즌이 지나면 설비도 놀고 사람도 논다. 무라로 인해 무리하게 되고 그 결과 무다가 생기는 것이다. 해결 방법은 생산량을 균일하게 하는 것이다.

순서는 예의다. 식사의 경우 어른이 먼저 먹은 후 나머지 사람이 먹는 것이 예의다. 우리뿐만 아니라 독일, 일본 등에서도 어른 먼저가 예의다. 순서는 존중과 배려의 표현이다. 순서란 단순한 배열이 아니라 질서의 의미이자 안전과 존중의 뼈대다. 우리가 지켜야 하는 순서는 단순히 효율적으로 되기 위한 수단이 아니다. 순서는 논리, 도덕, 안전, 신뢰, 예절, 정당성을 만들어내는 원리 그 자체다.

순서 하면 난 가장 먼저 '선입선출先入先出'이 연상된다. 그건 자연 법칙에 가깝다. 영어로는 '퍼스트 인, 퍼스트 아웃First in, First out'이고 줄여서 FIFO다. 먼저 들어온 물건이 먼저 나가고 먼저 태어난 사람이 먼저 죽는 법이다. 가끔 예외가 있기는 하지만 먼저 임원이 된 사람이 먼저 회사를 그만둘 가능성이 높다. 나 역시 39살에 임원이 된 후 42살에 회사를 나왔다. 순서는 공정성인데 공정성이 무너지면 신뢰가 깨진다. 긴 줄을 새치기하는 운전자에게 사람들이 분노하는 이유는 바로 이들이 공정성을 해치기 때문이다.

순서는 질서의 기초이자 사고와 행동의 프레임이다. "순서는 첫 번째 법이다Order is heaven's first law." 영국 시인 알렉산더 포프의 말이다. "걷기 전에 기는 법부터 배워라You must learn to crawl before you can walk."라는 말도 있다. 모든 일에는 순서가 있는 법이다. 유교 경전 중 하나인

『대학』에 "지소선후知所先後 즉근도의則近道矣"라는 말이 있다. 선과 후를 아는 것이 도에 이르는 길이란 말이다. 이 책이 순서에 대해 새롭게 인식하는 계기가 되었으면 하고 바란다.

5.   ㅂ • 107

6.   ㅅ • 127

가난과 질병

가난과 질병은 쌍둥이다. 대부분 같이 오기 때문이다. 내 지인 얘기를 하나 한다. 막노동으로 힘들게 살아온 중년의 아버지가 뇌졸중으로 쓰러지고 이후 10년간 병치레를 했다. 힘들게 사는 삼 형제는 대출을 받아 아버지 병원비를 쓰는데 막내는 대학원생이다. 그렇지 않아도 각종 알바를 하느라 힘들었는데 대출이자를 갚느라 그의 생활은 더욱 어려워졌다. 그래도 공부를 잘해 천신만고 끝에 박사학위를 받고 결혼을 했는데 대출금을 갚느라 거의 돈을 모으지 못했다. 직장을 구했지만 아내와 아이들은 처갓집에 맡기고 혼자 지방에서 일을 했는데 혼자 애를 키우던 아내가 우울증에 빠졌다. 본인도 제대로 못 먹고 운동을 못 하니까 젊은 나이에 고혈압에 당뇨에 녹내장까지 왔고 암 진단까지 받았다. 참, 산 넘어 산이고 앞뒤가 꽉 막힌 팔자다.

난 지인 얘기를 들으면서 두 가지 생각이 들었다. '가난은 대물림 되는구나. 이를 한꺼번에 끊는 것이 쉽지 않겠구나.'란 생각이다. 또 다른 하나는 '가난과 질병의 상관관계'다. 가난이 계속되면 몸이 병 들고 몸이 아프면 그 결과 더욱 가난해지는 것이다. 가난이 먼저일까, 질병이 먼저일까? 난 맞물려 돌아간다고 생각한다. 가난하면 몸을 돌보지 못하니 병에 걸릴 가능성이 높아지고 아프면 일할 시간이 없으니까 더 가난해지는 것이다.

그렇다면 어떻게 이 악순환을 끊을 수 있을까? 내가 생각하는 해법은 건강한 일상의 회복이다. 가난해도 할 수 있는 것들이 있다. 일찍 자고 일찍 일어나는 것, 주변을 청결하게 하는 것, 틈틈이 시간을 내서 공부하는 것, 술과 담배를 멀리하는 것, 가능한 한 좋은 음식을 소식하는 것, 많이 걷고 몸을 움직이는 것, 사소한 약속을 잘 지키는 것 등등. 근데 가난한 사람 중 이런 생각을 하는 사람이 있을까? 쉽지 않을 거라 생각한다. 가난하면 급한 일이 많이 생긴다. 건강이나 운동이나 청결 같은 건 우선순위에서 멀어질 가능성이 높다. 이래저래 악순환의 고리를 끊는 건 보통 사람들이 할 수 있는 일은 아니다.

가져야 줄 수 있다

행복한 대한민국을 약속하는 정치인을 자주 본다. 근데 얼굴을 보면 하나도 행복해 보이지 않는다. 찌들대로 찌들고 탐욕으로 가득하다. 행복의 대척점에 있는 것처럼 보인다. 이런 정치인이 행복한 대한민국을 만들겠다고 주장하는 걸 보면 이런 생각이 든다. '우리는 알아서 행복할 테니 당신 걱정이나 하세요. 우리를 행복하게 해 줄 생각 대신 당신이나 행복하면 좋겠소.' 아니 누가 누구를 행복하게 하겠다는 것인가? 자신이 그렇게 불행해 보이는데 어떻게 다른 사람을 행복하게 하겠다는 것일까? 불행하게 하지 않으면 다행이다. 천부당만부당한 일이다.

가진 것만 줄 수 있다. 내가 갖지 않은 건 절대 줄 수 없다. 사랑도 그렇고 재미도 그렇다. 내 마음에 사랑이 넘쳐야 다른 사람을 사랑할 수 있고 내가 사는 게 재미있어야 다른 사람도 재미있게 할 수 있다. 겸손도 그렇다. 겸손은 겸손할 게 있는 사람만이 할 수 있는 일이다. 대부분의 사람은 존재 자체가 겸손이다. 힘을 빼는 것도 마음을 비우는 것도 그렇다. 힘을 줄 수 있어야 뺄 수 있고 마음을 채워야 비울 수 있다. 갖지 않은 건 줄 수 없다. 가져야 줄 수 있다. 갖는 게 먼저고 주는 건 그다음 문제다. 근데 꽤 많은 사람이 없는 걸 주겠다고 한다.

감각

느끼는 게 먼저다. 감각은 느껴야 깨달을 수 있다는 말이다. 세상만사가 다 그렇다. 좋다고 말하지만 실천하지 못하는 이유는 바로 머리로는 알았지만 몸이 느끼지 못했기 때문이다.

대부분 사람들은 공부를 싫어한다. 나 역시 그러했다. 그래서 공자님이 공부하는 게 제일 즐겁다고 했을 때 정신 나간 사람이란 생각을 했다. 지금은 아니다. 난 공부가 정말 즐겁다. 왜 그렇게 되었을까? 공부가 재미있다는 걸 느꼈기 때문이다. 어느 순간 지적 환희를 느꼈기 때문이다. 운동은 어떨까? 왜 운동을 싫어할까? 헬스를 싫어했던 내가 왜 요즘은 헬스가 좋아졌을까? 헬스의 즐거움을 느꼈기 때문이다.

어떻게 살아야 좋은지 모르는 사람은 없다. 적게 먹고 많이 움직이고, 일찍 자고 일찍 일어나고, 담배는 끊고 술은 줄이고, 주기적으로 운동하고, 뇌 쓰는 독서와 글쓰기를 하고, 많이 베풀고 등등. 근데 왜 그 간단한 것이 그리 어려운 것일까? 느끼지 못하기 때문이다. 억지로 하기 때문이다. 우러나와서 하는 것이 아니라 그저 남들이 좋다고 하니까 마지못해 하다 원위치가 되기 때문이다. 그런 면에서 난 감각感覺이란 단어가 좋다. 느낄 감感, 깨달을 각覺인데 느끼는 게 먼저란 뜻이다. 각감이 아니라 감각이다. 느껴야 깨달을 수 있다는 말로 난 해석한다. 알아야 하는 게 아니라 느껴야 한다는 말이다. 느껴야 할 수 있고 느끼지 못하면 하지 못한다는 것이다. 좋아지고 발전하고 행복한 느낌이 있으면 게임은 끝난 것이다. 난 운동을 하면서 자주 이 경험을 한다. 굳어 있던 어깨가 펴지는 느낌, 마비되었던 부위가 풀리는 느낌 등이 그렇다.

느끼기 위해서는 속도가 중요하다. 급하게 하면 느낄 수 없다. 천천히 해야 느낄 수 있다. 식사도 그렇다. 대식가는 느끼지 못한 채 그저 많이 먹는 사람이고 미식가는 음식 하나하나를 느끼면서 먹는 사람이다. 대부분 사람들의 몸과 마음과 정신은 다 굳어 있다. 하지만 굳어 있다는 사실을 인지하지 못하고 있다. 몸을 바꾸고 싶다고? 그럼 서서히 마비된 몸을 풀어야 한다. 잃어버린 감각을 깨워야 한다. 느껴야 깨달을 수 있다. 느끼지 않으면 깨달을 수 없다. 느끼는 게 먼저고 깨닫는 건 나중이다.

강약중강약

강의할 때 중요한 팁 중 하나는 작은 목소리로 시작하는 것이다. 처음부터 큰 목소리로 시작하면 나중에 걷잡을 수 없다. 또 다른 하나는 강약 조절이다. 처음부터 끝까지 비슷한 톤으로 하면 청중은 지루하다. 리듬이 있어야 한다. 노래 부르는 것도 비슷하다. 노래 잘 부르는 사람은 대부분 작은 목소리로 차분하게 시작하다 어느 순간 폭발적으로 가창력을 뽐내며 관중을 감동시킨다. 그런 면에서 리듬은 소중한 덕목이다.

운동에서 가장 중요한 건 몸을 푸는 것이다. 스트레칭을 하고 여기저기 펴면서 체온을 올리다 어느 순간 센 중량을 들어야 한다. 몸을 풀지 않은 채 고중량을 들면 부상을 당한다. 대인관계도 그렇다. 난 급격하게 친해지는 걸 조심한다. 만나자마자 형님 아우 하면서 매일 연락하고 매주 만나 밥 먹는 걸 피한다. 급하게 먹은 밥은 체하게 마련이다. 그보다는 서서히 만나면서 서서히 친해지는 걸 선호한다. 글쓰기도 그렇다. 글을 쓰다 보면 어느 순간 필을 받아 일필휘지하고 싶은데 이 순간을 조심한다. 내친 김에 더 쓸 수 있을 때 그만둔다. 그렇게 한꺼번에 가속하면 리듬이 깨져 장기적으로 에너지를 잃는 게 두렵기 때문이다.

부정맥이란 병이 있다. 심장이 일정하게 뛰지 않고 가끔 너무 빨리 뛰거나 너무 천천히 뛰는 병을 말한다. 부정맥의 영어는 어리드미아 Arrhythmia인데 우리말로 하면 '리듬이 없는 병'이란 말이다. 리듬이 없는 게 병이 될 수 있다. 삶에서 리듬은 정말 중요하다. 강약중강약은 리듬에 맞춰 살라는 교훈이다. 너무 세게만 혹은 너무 약하게만 살지 말고 때로는 강하게, 때로는 약하게 살라는 말이다.

개방형 혁신의 단계

요즘 개방형 혁신에 대한 논의가 활발하다. 혼자만의 힘으로는 부족하기 때문에 개방해서 외부와 협력해 혁신을 하자는 것이다. 말이야 그럴 듯하지만 실제 이를 구현해 성과를 내는 건 쉽지 않다. 준비되지 않은 상태로 외부 협력을 시도하면 자원을 낭비할 수 있다. 성공적으로 협력하려면 외부로부터 얻으려는 기술이 어떤 목적으로 추진되는 것인지 잘 살펴봐야 한다. 도입하려는 외부 기술을 내부 기술과 어떻게 접목할지도 고민해야 한다. 어떤 경로로 외부 협력을 모색할 것인지, 추후 외부 협력에 대한 효과를 무엇으로 측정할 것인지에 대해서도 협의해야 한다.

개방형 혁신을 하더라도 외부에서 가져온 기술을 내부에서 소화할 역량을 먼저 갖춰야 한다. 내부 역량을 키우면서 외부 기술을 가져올 때 그 기술을 꽃피울 수 있다. 기술 가진 회사를 인수합병만 하면 모든 기술을 확보할 수 있을 것이라는 생각은 위험하다. 외부 기술만 잔뜩 가져오고 내부 역량이 없으면 구슬이 서 말이라도 꿰지 못하는 신세가 된다. 개방형 혁신은 유용한 전략임이 분명하다. 하지만 도입 초기 단계에 꿈꾸던 연구개발 분야의 만병통치약은 아님을 염두에 두고 추진할 필요가 있다.

그래서 럿거스대학교의 진 슬로윈스키Gene Slowinski 교수는 이를 4단계로 나눴다. 1단계는 필요Want로 전략적 의도가 무엇인지 파악하고 외부로부터 무엇을 찾으려고 하는지 정의한다. 2단계는 발굴Find로 어떤 메커니즘으로 원하는 것을 찾을 것인지 정한다. 3단계는 획득Get으로 구체적인 외부 협력 프로세스를 정해서 추진하는 것이다. 마지막 4단계는 관리Manage로 지표나 방법을 통해 외부 협력을 정착시키는 과정이다.

개인주의와 집단주의

우리는 연월일의 순서로 생일을 쓴다. 1956년 10월 30일 하는 식이다. 미국은 다르다. 가장 먼저 태어난 날이 나오고 다음은 태어난 달이고 마지막은 연도다. 처음 미국 가서 난 그게 참 이상했다. 우편물을 보낼 때도 우리와는 달랐다. 으리는 서울시 서초구 방배로 몇 번지 하는 식이다. 도시, 사는 구, 마지막에 동네와 아파트 동수를 쓴다. 미국은 가장 먼저 아파트 동수와 이름을 쓰고 그다음 구 이름을 쓰고 마지막에 도시를 쓴다. 왜 그럴까?

난 개인주의와 집단주의의 결과물로 생각한다. 우리처럼 집단적 문화에서는 큰 조직이 먼저다. 국가가 있고, 도시가 있고, 구가 있고,

비로소 자신의 동수를 밝히는 식이다. 개인보다 조직이 앞이라는 걸 암시한다. 하지만 미국처럼 개인주의 문화에서는 그 무엇보다 개인이 먼저다. 그런 이유로 개인 정보를 앞 세우는 것이 아닐까? 물론 나만의 생각이다.

거절과 자유

최근 겹치게 강의를 약속해 곤혹을 치렀다. 모 업체에서 몇 달 전 강의를 요청하면서 가능성은 반반이라고 해 당연히 안 될 것으로 생각해 날짜 표시를 안 하고 다른 강의를 받았다. 워낙 그런 일이 많았기 때문에 별생각 없이 한 행동이다. 근데 예상을 깨고 강의가 확정된 것이다. 요청받은 세 번 중 두 번은 해주고 나머지는 양해를 구하면서 일을 수습하긴 했는데 그 과정이 정말 싫었다. 빚쟁이 같았다. 그들은 빚을 받겠다고 전화를 했고 나는 빚을 갚으려고 동분서주한 셈이다. 괜한 약속으로 여러 사람에게 민폐를 끼쳤고 나 자신도 너무 불편했다.

이후 약속은 신중하게 하고 웬만한 일은 거절하기로 결심했다. 내키지 않는 강의 요청은 딱 잘랐다. 용건 없이 만났으면 좋겠다는 요청도 거절했다. 저녁에 하는 이런저런 모임도 대부분 거절했다. 그랬더니 자유가 오면서 마음에 평화가 왔다. 꽉 찬 달력 대신 듬성듬성한 달력에서 기쁨을 느꼈다. 돌아다녀야 에너지를 얻는 사람이 있다. 혼자 있으면 열불이 난다는 사람이 있다. 나도 혼자만 있으면 답답할 때가 있다. 하지만 너무 많은 약속은 나를 힘들게 한다. 시간과 에너지를 빼앗긴다. 약속約束의 속은 구속할 속이다. 약속이 자유를 구속한다. 거절해야 자유를 얻을 수 있다.

걱정하지 말라고?

여러분은 걱정에 대해 어떻게 생각하는가? 사람들은 걱정에 대해 부정적이다. 그래서 걱정에 대한 격언은 차고 넘친다. "지나친 걱정만큼 건강을 해치는 것은 없다." "걱정과 근심은 어쩔 수 없지만 그 새들이 머리 위에 둥지를 만들게는 하지 말라." "걱정과 싸울 줄 모르는 사람은 단명한다." "백 년을 살지 못하면서 늘 천 년어치 걱정을 하고 산다." "걱정은 고양이를 죽인다Care kills the cat." 등등. 「돈 워리 비 해피Don't worry, be happy」와 이적이 부른 「걱정 말아요 그대」라는 노래도 있다. 『성경』에도 걱정하지 말라는 얘기가 무려 550번이나 나온다.

근데 걱정하지 않는 게 최선은 아니다. 걱정할 건 걱정해야 한다. 걱정해야 할 걸 걱정하지 않는 건 위험하다. 그런 사람을 보면 정말 걱정된다. 핵심은 걱정할 것과 걱정하지 말아야 할 걸 구분하는 것이다. 걱정할 건 걱정하고 걱정하지 않아야 할 건 걱정하지 말아야 한다.

그러면 무엇을 걱정해야 할까? 결과보다 과정을 걱정해야 한다. 최선을 다해 챙기고 점검해야 한다. 그렇게 했는데 결과가 나쁜 건 어쩔 수 없다. 근데 대부분은 과정보다 결과에 신경을 쓴다. 할 일을 제대로 하지 않은 채 결과를 두고 전전긍긍한다. 참 의미 없는 일이다. 또 다른 하나는 진짜 걱정해야 할 것을 걱정하는 것인데 관련해서는 공자님의 네 가지 걱정이 도움이 된다. 덕을 닦지 않는 것, 배움을 제대로 남에게 전하지 못하는 것, 옳은 걸 듣고 실천하지 못하는 것, 좋지 못한 습관을 고치지 못하는 것이 그것이다. 여러분은 요즘 무얼 걱정하는가? 정말 걱정할 건 하지 않고 걱정하지 않아도 될 건 걱정하는 건 아닌가?

건강을 위한 순서

다양한 종류의 책을 쓰면서 생긴 습관이 있다. 책을 쓰기 위한 순서를 생각하는 습관이다. 가장 먼저 하는 일은 주제에 대해 재정의를 내리는 것이다. 정확하게 그게 무언지 내 나름의 정의를 내리는 게 가장 먼저 할 일이다. 다음은 그게 왜 중요하고 그걸 하지 않았을 때 어떤 일이 일어나는지를 생각한다. 마지막으로 그걸 위해 필요한 조건을 따져본다. 근데 그 조건이 그냥 나열식인 것보다는 순서가 필요하다. 먼저인 게 있어야 한다. 그게 우선하지 않으면 뒤엣 것이 작동하지 않기 때문이다. 내가 순서에 관심을 갖는 이유다.

건강도 그렇다. 난 건강에 관해 두 권의 책을 썼다. 『몸이 먼저다』와 『고수의 몸 이야기』가 그것이다. 책을 쓰면서 건강에 대해 공부했고 우선순위를 따져봤다. 건강하기 위해 가장 먼저 무엇을 살펴야 할까?

첫째, 호흡이다. 가능한 한 숨을 깊이 쉬는 게 좋다. 복식호흡을 해야 한다. 입이나 목 대신 배로 숨을 쉬어야 한다. 깊이 쉬면 건강하고 호흡이 얕아지면 위험하다.

둘째, 음식이다. 그 사람이 먹는 게 곧 그 사람이다. 정답이 있는 건 아니지만 고기보다는 야채를 먹고 소식을 원칙으로 한다. 원래도 소식이었지만 나이가 들면서 조금만 과식을 하면 속에 탈이 나서 점점 적게 먹으려 한다. 오후 불식이다. 가능하면 저녁은 먹지 않고 저녁 약속도 하지 않는다.

셋째, 수면이다. 호흡은 조절하기 어렵다. 음식 또한 생각처럼 바꾸기가 쉽지 않다. 그나마 건강을 위해 적은 노력으로 큰 성과를 볼 수 있는 게 수면 습관이다. 원래도 일찍 자고 일찍 일어났지만 건강 관련 책을 쓰면서 좋은 수면 습관을 내 것으로 만들었다. 보통 8시 반쯤 자고 새벽 3시쯤 일어나는데 그렇게 머리가 맑을 수 없다.

넷째, 건강보조식품이다. 몸에서 만들 수 없지만 몸에 필요한 것들이 제법 있다고 들었다. 각종 비타민과 미네랄 등이 그렇다고 한다. 그래서 20년 전부터 좋다는 영양제나 비타민을 열심히 챙겨 먹었다. 뉴스킨 제품을 오랫동안 먹었는데 최근에는 독일제 PM을 먹는다. 가루로 되어 있어 내게 잘 맞는 것 같다. 일어나자마자 PM파워주스를 타서 마시고 자기 전 리스토레이트 제품을 먹는 게 리추얼이다.

다섯째, 운동이다. 건강에 가장 중요한 게 운동이 아니라 마지막이 운동이다. 의아하게 생각하겠지만 난 그렇게 생각한다. 흔히 사람들은 조금 살이 찌거나 몸에 이상이 생기면 습관처럼 "운동해야지."라고 말한다. 난 동의하지 않는다. 생활습관이 무너지고, 12시 넘어 자고, 매일 과식하는 사람이 운동을 조금 한다고 나아질까? 안

하는 것보다는 낫지만 투자 대비 효과가 떨어질 것이다.

난 헬스장을 10년 이상 다니고 있다. 여러 사람의 건강 관련 히스토리를 볼 수밖에 없다. 꾸준히 운동한 결과 남들보다는 좋아졌지만 본인이 원하는 성과를 내지 못하는 사람들이 있다. 음식이나 습관을 고치지 못했기 때문이다. 한 사람은 몇 년째 열심히 운동하지만 아직 배가 남산만 하다. 밤마다 음식을 만들어 술을 마시기 때문이다. 또 다른 사람도 운동은 열심히 한다. 하지만 뚜렷한 성과가 없다. 수면 때문이다. 매일 새벽 두 시나 되어야 잔다. 밤을 새울 필요가 있는 직업도 아닌데 아직 수면 습관을 고치지 못하고 있다.

건축

건축建築은 세울 건建, 쌓을 축築이다. 쌓은 다음 세우는 게 아니라 우선 세우고 그다음 쌓는다는 말이다. 근데 뭘 세운다는 말일까? 난 개념을 세워야 한다고 생각한다. 초기개념을 확실히 해야 한다. 어떤 건물을 만들지, 어떤 소프트웨어를 만들지 개념을 정리하는 일이다. 이게 확실해야 그다음 축적이 가능하다. 초기개념이 확실하지 않으면 축적은 불가능하다. 건물의 경우 허물어야 할 수도 있고 소프트웨어는 패치로 누더기가 될 수 있다.

겪어봐야 알 수 있다

주변에 선배 회사 혹은 동창 회사에서 일하는 사람들이 제법 있다. 믿을 게 동문이란 생각에서 그렇게 한 것이지만 결말이 좋지 않은 경우를 자주 본다. 이해관계 없는 순수한 우정이 일을 하면서 깨지는 것이다. 친한 친구끼리 동업하다 원수가 된 사람도 많다. 선후배가 의기투합해 사업을 했지만 사업도 망하고 우정도 깨진 것이다. 친구는 친구로서 있는 게 좋고 동창도 동창으로 남아 있어야 오래갈 수 있다고 생각한다. 친구와 사업을 하면 친구도 잃고 사업도 잃을 가능성이 높다. 사업이 잘되어도 문제, 안되어도 문제란 생각이다.

근데 순서를 바꾸면 의외로 괜찮을 수 있다. 사업을 통해 평생 친구를 얻는 것이다. 난 그런 사람을 알고 있다. 중소기업 사장인데 그는 자기 회사 연구소장을 평생 파트너로 생각한다. 연구소장이 개발한 기술 덕분에 지금의 회사가 존재한다고 생각한다. 그 사람이 없었으면 진즉 사업을 접었을 것이란 것이다. 두 사람은 늘 급여 문제로 다툰다. 근데 보통 사람이 생각하는 것과 반대다. 사장은 월급을 올리겠다고 하고 소장은 그럴 필요 없다고 티격태격한다. 사장은 당신은 더 받아야 하는데 받을 자격이 있으니 제발 좀 더 가져가라는 것이고, 연구소장은 나도 먹고살 만큼 있는데 왜 자꾸 월급을 올려 사람을 불편하게 하냐는 것이다. 「순간포착 세상에 이런 일이」 같은 프로에 소개하고 싶은 일이다. 훈훈하다. 두 사람은 일로 만났지만 거의 소울 파트너다. 일을 하면서 서로에게 도움을 주고 자신도 성장하고 조직도 성장시킨 것이다.

사실 사람은 겉으로 알기 어렵다. "열 길 물 속은 알아도 한 길 사람 속은 모른다."라는 말이 괜히 나온 게 아니다. 나 자신도 내가 누군지 모르는데 하물며 남이 나를 제대로 안다는 건 쉽지 않은 일이다. 사람이란 겪어봐야 알 수 있는데 최선은 같이 일을 해보는 것이다. 일을 같이 해보면 그 사람이 어떤 사람인지 알 수 있다. 역할에 대해 정확히 인지하는지, 성실한지, 말로만 그런 것인지, 돈에 대해 어떤 생각을 하는지, 자기만 아는 사람인지 아니면 타인에 대해 관심이 있는지, 잘 베푸는 사람인지 인색한 사람인지, 감정 처리를 어떻게 하는지 등등. 꽤 많은 걸 알 수 있다. 흔히 뒤통수를 맞았다는 말을 자주 한다. 근데 사실 그 사람은 원래 그런 사람이었을 것이다. 그러다 어느 순간 진실이 드러난 것에 불과한 거 아닐까?

결혼과 안정

노총각과 노처녀가 결혼을 안 하는 이유는 아직 때가 되지 않았다는 것이다. 지금은 생활이 불안하니 나중에 생활이 안정되면, 돈도 좀 벌고 집도 장만하면 그때 결혼을 생각해보겠다는 것이다. 가장 흔하게 듣는 이유고 나름 그럴 듯하지만 이 말을 들을 때마다 의문이 생긴다. 언제쯤 안정이 될 것인지? 내년이나 후년에는 살림이 확 펴고 집을 장만할 수 있을까? 지금과 비슷하거나 혹시 더 나빠지는 건 아닐까? 살아생전 그런 날이 오기는 올까? 그런 날이 쉽게 오지 않을 것이고 살아생전 오지 않을지도 모른다고 생각한다.

난 안정을 원한다면 빨리 결혼하고 애를 낳으라고 주장한다. 혼자 사는 것보다 결혼하고 애를 낳으면 안정할 날이 빨리 오는 것에 한 표를 던진다. 혼자 살면 아무래도 삶이 흐트러진다. 책임감도 약해진다. 특히 나 같은 남자들은 더 그렇다. 지금 생각해도 결혼 전

나는 철이 없었고 책임감도 희박했고 발전가능성이 적었다. 뭔가 일이 잘 풀리지 않을 때는 순서를 바꿔 생각해야 한다. 안정한 이후 결혼을 하겠다는 생각을 버리고 대신 불안정하니 결혼해서 안정을 찾겠다는 생각이 그렇다. 세상엔 그런 일들이 참 많다.

계획, 실행, 점검

계획Plan-실행Do-점검See은 경영학 원츠 중 하나로 계획하고 실행하고 결과를 점검해보는 것이다. 참 오랫동안 많이 듣던 말이다. 근데 과연 지금도 이것이 유효할까? 이렇게 모든 것이 빨리 변하는데 언제까지 계획만 하고 있겠는가? 계획만 하다 날이 새는 건 아닐까? 어느 부분에서는 이 프로세스가 유효할 수 있지만 대부분 일에서는 반대가 되어야 한다고 생각한다. 일단 아이디어가 있으면 작게 시작하고 결과를 보면서 거기에 맞춰 조금씩 바꿔나가는 것을 추천한다. 계획만큼 아니 계획보다 실행이 더 중요하다. 중요한 건 시장의 반응과 반응에 따른 민첩한 대응이다. 카카오톡도 그렇게 만들어졌다고 한다. 이들은 4-2원칙을 갖고 있는데 4명의 팀원이 두 달쯤 일을 하면서 경과를 보고 그 일의 진행 여부를 결정한다고 한다. 지혜로운 방법이다.

성격이 급한 난 책을 쓸 때도 일단 저지른다. 심사숙고 대신 생각나는 걸 글로 옮긴다. 내가 책을 쓰는 이유 중 하나는 사람들 생각을 보기 위해서이다. 내 생각에 사람들이 어떤 반응을 보이는지, 내 생각에 동의하는지 혹은 다른 생각을 하는지. 『몸이 먼저다』란 책의 경우는 여러 사람이 반대했다. 전문가도 아니라 사람이 왜 잘 모르는 분야에 대해 책을 쓰냐는 것이다. 정체성이 흔들릴 수 있고 시기가 빠르다는 것이다. 당시 운동에 너무 꽂혀 있어 참을 수 없었던 난 그냥 썼다. 내 느낌대로 일필휘지했다. 근데 의외로 비슷한 생각을 하는 독자들이 많이 있었다. 운동을 하고 싶지만 차일피일 미루던 독자들이 뜨거운 반응을 보였다. 몇 년이 지난 지금은 스테디셀러가 되었다. 만약 책을 위한 계획에 많은 시간을 썼다면 이런 결과는 기대할 수 없었을 것이다. 난 계획에 너무 많은 시간을 쓰는 것보다는 아이디어가 떠오를 때 저지르는 것을 권한다. 장고 끝에 악수가 난다. 경희대학교 이동규 교수가 저서 『생각의 지문』에서 한 주장이다.

고생 총량의 법칙

농반진반 "고생 총량의 법칙"이란 말을 자주 듣고 자주 한다. 사람이 평생 해야 할 고생의 양은 정해져 있다는 것이다. 누구도 고생으로부터 자유로울 수는 없는데 선택할 수 있는 건 순서뿐이란 것이다. 먼저 고생하고 나중에 편하게 살 것인지, 아니면 처음에 편하게 살고 나중에 고생할 것인지 선택해야 한다. 사실 난 초년에도 잘 살고 싶고 말년에도 잘 살고 싶지만 그건 메뉴에 없다. 그렇다면 여러분은 어떤 걸 선택하겠는가? 몇 가지 격언과 단어를 살펴보면 힌트를 얻을 수 있다.

첫째, "고통 없이는 얻는 것도 없다No pain, no gain." 아픔 없이는 얻을 게 없다는 말이다. 아픈 만큼 성숙할 수 있다. 아픔이 먼저다. 둘째, 통쾌痛快다. 아플 통痛, 쾌할 쾌快다. 계속 이기다 끝까지 이기는 경기보다 계속 지다가 9회 말 투 아웃 이후에 역전홈런으로 이기는 게 통쾌다. 이 역시 아픈 게 먼저다. 비슷한 말이 영어의 비터스위트Bittersweet인데 이 역시 아픈 게 먼저다. 셋째, 고진감래苦盡甘來다. 한마디로 "고생 끝 행복 시작"이다. 먼저 고생하고 나중에 거둬들인다는 말이다.

이런 격언과 단어는 만약 사람이 평생 할 고생의 총량이 일정하다면 먼저 고생하고 나중에 고생의 대가를 거두는 것이 낫다는 증거다. 지금 힘이 드는가? 조만간 살림이 필 것이다. 그러기 위해서는 그냥 고생이 아니라 의미 있는 고생을 해야 한다. 뭔가 배우고 축적하고 나중에 피가 되고 약이 되는지를 살펴야 한다. 그렇지 않은 고생은 골병이 될 수도 있다.

고수의 단계

「흑백요리사」를 재밌게 봤다. 고수와 하수로 나눠 대결하면서 최종 결선까지 진행하는 방식이다. 최종 심사자는 백종원과 안성재다. 두 사람은 고수 중 고수인데 어떻게 이 단계까지 왔을까? 처음부터 그랬을 리는 없다. 그들도 처음에는 초보였을 것이다. 내가 생각하는 고수의 프로세스는 루티LUTI다.

첫째는 런Learn이다. 배우는 것이다. 어깨너머로 배우든, 스승에게 배우든, 책으로 배우든 배워야 한다. 배우지 않고 고수가 될 수는 없다. 개인적으로는 책이 투자 대비 효과가 가장 좋다. 돈을 별로 들지 않고 마음만 먹으면 언제 어디서든 공부할 수 있다. 인풋이 먼저다.

둘째는 유즈Use다. 해봐야 한다. 아는 것과 실제는 천지 차이다. 자전거 타는 법을 배웠다고 자전거를 탈 수 있는 건 아니다. 레시피를 안다고 요리할 수 있는 것 역시 아니다. 둘은 완전히 다르다. 내가 생각하는 사용의 단계는 머리가 아는 걸 근육이 알게 하는 것이다. 근육이 기억하게 하는 단계다. 길고 고통스러운 단계다.

셋째는 티치Teach다. 가르쳐보는 것이다. 아는 것과 가르치는 것 역시 매우 다르다. 안다고 잘 가르치는 건 아니다. 잘한다고 잘 가르치는 것도 아니다. 아는 것과 가르치는 건 완전히 별개의 영역이다. 확실한 건 가르치다 보면 더 잘 알 수 있다는 것이다. 가르치는 것이 사실은 잘 배우는 최고의 방법이다. 그래서 교학상장敎學相長이란 말이 나왔다. 가르치는 것과 배우는 것이 서로에게 도움이 된다는 말이다. 고수가 되려면 혼자 잘하는 걸 넘어 자신이 아는 걸 남들에게 가르쳐봐야 한다.

마지막은 인스펙트Inspect다. 검사 혹은 평가다. 누가 잘하고 누가 못하는지, 어떤 면이 잘되었고 어떤 면이 잘 안되었는지 검사하는 게 바로 평가다. 백종원과 안성재가 하는 게 바로 그것이다. 그 과정 역시 배움의 단계를 높이는 좋은 방법이다. 많이 보면서 한 단계 업그레이드되는 것이다. 현재 여러분은 어느 단계인가?

고집불통

고집의 결과는 불통이란 말이다. 근데 어떻게 고집이란 단어와 불통이란 단어를 같이 쓰게 되었을까? 사람들의 경험이 이런 단어를 만들어낸 것 아닐까? 자기 고집을 피우면서 남의 얘기를 전혀 들지 않는 사람이 있다. 주변 사람은 이 사람과는 아예 말을 섞으려 하지 않는다. 말해봐야 입만 아프기 때문이고 어느 순간 이 사람은 섬같이 외로운 존재가 된다. 불통 그 자체로 인식된다. 통하고 싶은가? 그럼 나만이 옳다는 고집을 버려라. 내가 틀릴 수 있다는 생각을 하고 남에게 관심을 가져라. 고집불통이 나이를 먹으면 뭐가 될까? 독거노인이나 자연인 아닐까?

공부의 단계

공부에는 단계가 있다. 머리에서 가슴이 첫 단계다. 신영복 선생은 징역초년 왕따였고 섞이지 못했다. 자신들을 업신여기는 부류에 속하는 사람으로 분류되고 있었던 것이다. 왕따는 자신이 변해야만 벗어날 수 있다. 대부분 먹물들은 연설하려 하는데 신영복 선생은 그 점을 경계했다. 상대의 의견을 인정하고 존중하면서 그들과 섞일 수 있었다. 이 과정이 머리에서 가슴까지의 여행인데 참으로 멀고 힘든 여정이다. 근데 더 중요한 것은 가슴에서 발까지의 여행이다. 그걸 깨닫게 된 건 문도득이란 노인 목수를 통해서다.

어느 날 문도득 노인이 집 그림을 그리는데 그림 그리는 순서가 다른 것이다. 신영복 선생처럼 책을 통해 생각을 키워온 사람은 지붕부터 그리는데 실제 일을 해본 문 노인은 주춧돌부터 시작해 지붕을 맨 나중에 그렸다. 그게 신영복 선생에게는 엄청난 충격이었다. 이후 선생은 자기 개조를 시작한다. 기술을 배우고 노동을 한 것이다. 책상물림이 아니라 세상을 배우고 싶었던 것이다. 덕분에 신사복도 만들 줄 알고 구두도 만드는 기술자가 된다. 그는 감옥에서 사람들의 신뢰를 얻기 위해 떡신자 생활을 한다. 떡신자란 모든 위문품이 있는 종교집회에 빠짐없이 나타나는 사람을 뜻한다. 뻔뻔스런 사람이다. 나도 당신과 다를 바 없는 그렇고 그런 인간이란 사실을 보임으로써 그들의 신뢰를 얻고 그들과 한마음이 된 것이다.

『주역』에 석과불식碩果不食이란 말이 나온다. 씨과일은 먹지 않는다는 뜻이다. 힘든 감옥 생활 20년을 견디게 해준 말이다. 본래 이 말은 산지박山地剝의 효사에 나오는 말이다. 산지박괘는 산이 위에 있고 지가 아래 있다. 여기서 박은 빼앗긴다는 뜻이다. 모두 음효이고 맨 위만 양효라 이게 언제 음효가 될지 알 수 없다. 석과불식은 마지막 하나 남은 양효를 뜻한다. 씨과일이 새싹이 되고, 나무가 되고, 이윽고 숲이 되는 것이다. 이를 위해서는 세 단계가 필요하다.

첫째, 엽락葉落이다. 잎사귀를 떨어뜨려야 한다. 잎사귀는 환상과 거품인데 환상과 거품을 청산해야 한다. 『논어』의 불혹과 같은 뜻이다. 여기서 혹은 의혹이 아니라 미혹이고 환상이다. 가망 없는 환상을 더 이상 갖지 않는 것이 불혹이다. 어려울수록 냉정하게 현실을 직시하고 환상과 거품을 청산해야 한다. 둘째, 체로體露다. 엽락 후 나무는 나목이다. 잎사귀에 가려져 있던 뼈대와 구조가 훤히 드러난다. 우리가 할 일은 바로 구조와 뼈대를 직시하는 일이다. 환상과 거품으로 가려져 있던 삶과 근본구조를 직시하는 일이다. 개인이든 사회든 뼈대를 튼튼히 해야 한다. 셋째, 분본糞本이다. 분은 거름이다. 분본이란 뿌리를 거름하는 것이다. 낙엽은 뿌리를 따뜻하게 덮고 있다. 여기서 뿌리는 곧 사람이다. 가장 중요한 것은 사람이다. 사람은 자체로 최고의 가치를 갖고 있다. 사람을 키우는 것이 바로 분본이다. 절망과 역경을 사람을 키워내는 것으로 극복하는 것, 이것이 석과불식의 교훈이다."

신영복의 『담론』에 나오는 내용이다.

관심, 관찰, 관계

"처음엔 관심, 다음은 관찰, 마지막은 관계다. 대학 시절의 미팅을 생각해보라. 처음엔 관심이다. 많은 여학생 중 한 사람에게 관심이 쏠린다. 그럼 다른 여학생은 보이지 않는다. 관심은 마음속에서 일어나는 파도다. 다음은 관찰이다. 마음에 둔 여학생을 관찰한다. 관찰은 분석이다. 우리말에 뜯어본다는 말이 바로 그것이다. 다음엔 자신과의 관계를 살핀다. 친구로 사귈 것인 것인지, 연인으로 결혼까지 할 것인지…… 이후 액션이 시작된다. 관심, 관찰, 관계를 통해 발전하는 것이다. 이는 가슴 머리 다리의 순으로 진행된다. 관심은 가슴이지만 관찰은 머리와 눈이다. 그 데이터를 가로세로 옷감 짜듯이 시스템으로 만들어야 한다."

이어령과 정병모 공저 『지의 최전선』에 나오는 대목이다.

난 격하게 공감한다. 관심이 가지 않으면 관찰하지 않는다. 관찰하지 않으면 그가 어떤 사람인지 모르니까 당연히 관계가 일어나지 않는다. 하지만 때로는 순서가 뒤집힌다. 원하진 않았지만 관계가 먼저 만들어지는 경우도 흔하다. 같은 반이 되는 것도 그렇고, 회사의 동료 혹은 상사로 관계가 만들어지기도 한다. 이때는 관계를 먼저 맺고 이후 관찰하게 되고 관심이 간다. 물론 끝까지 공식적인 관계로만 있는 경우도 흔하다. 여기서 팁 하나. 관심關心과 관계關係의 관은 열쇠 관鑰이고 관찰觀察의 관은 볼 관觀이다. 관심과 관계는 열쇠로 따고 들어가야 맺을 수 있다는 말이다.

구적불거 신적불래

"구적불거舊的不去 신적불래新的不來"는 옛것이 가지 않으면 새것이 오지 않는다는 말이다. 내리고 타는 것일까, 타고 내리는 것일까? 볼 것도 없다. 내린 후 타야 한다. 너무 당연한 얘기다. 근데 현실은 어떠한가? 내리기도 전에 타는 사람들이 지천이다. 정리정돈은 이에 대한 교훈을 준다. 정리는 버리는 것이고 정돈은 버린 후 찾기 쉽게 재배치하는 것이다. 버리는 것이 먼저란 말이다.

세대교체도 비슷하다. 앞세대가 물러나야 뒷세대가 힘을 쓸 수 있다. 집을 보자. 70 넘은 부모가 50 넘은 자식들에게 아직도 이래라저래라 한다. 도대체 이게 무슨 짓인가? 자식이 하는 게 그렇게 못 마땅하면 어떻게 눈을 감는가? 60이 넘으면 자식에게 잔소리를 하지 마라. 권한을 자식에게 넘겨주라. 그래야 당신이 죽은 후에 자식들이 독립적으로 살 수 있다.

구조조정의 순서

루이스 거스너는 위기에 처한 IBM을 구한 것으로 유명하다. 근데 어떻게 일을 했을까? 비법이 무엇일까? 취임 3개월 후 기자회견을 열고 다음 세 가지를 발표했다. 공장 폐쇄, 직원 감축, 제품가격 상승이 그것이다. 당시 유행하던 비전경영, 애자일 등에 대한 언급은 없었다. 궁금했던 기자가 새로운 비전은 없는지 묻자 그는 다음과 같이 답변했다. "우리는 지금 집중치료실에 있는 중환자이고 모든 것이 필요한데 유일하게 필요 없는 게 있습니다. 바로 비전입니다. 우선 출혈을 멈춰야 합니다."

그의 제안은 하나도 새로울 게 없고 오히려 구태의연해 보인다. 하지만 순서가 예술이다. 가장 먼저 현금흐름을 읽었다. 직접 자료를 작성하고 이를 행동으로 옮겼다. 공장을 폐쇄하라, 1만 5,000명을 감축하라, 이 상품군은 전부 매각하라, 저 상품군은 가격저항이 적으니 1.5배 올려라, e비즈니스 신규사업을 위임하라 등등. 그가 일하는 방식은 심플하다. 효과가 즉각 나오는 안건은 즉각 처리하고 시간이 오래 걸리는 사안은 오래 두고 처리하는 것이다. 3개월 후 현금이 바닥나는데 비전 따위는 중요하지 않다는 것이다. 인재 육성도 마찬가지다. 심폐소생술이 필요할 때는 일단 심폐소생술로 환자를 살리고 봐야 한다는 것이다.

루이스 거스너와 반대로 HP를 맡은 칼리 피오리나는 비전을 먼저 내세웠다. 다이내믹이니 네트워크니 하는 비전을 내세웠지만 결국 말만 하는 리더로 전락했다. 취임 초기 비용절감을 위해 봉급 삭감과 여가 감축을 요구했고 직원들은 그 말에 따랐지만 1개월 후 6,000명을 해고했고 결과적으로 불신이 극대화되었다. 엄청난 반대를 무릅쓰고 190억 달러를 들여 컴팩이란 회사를 인수했지만 실패로 돌아갔다. 다음 CEO 마크 허드는 달랐다. 번지르르한 말은 일체 하지 않았다. "위기다. 정면으로 부딪칠 것이다. 앞장서서 맞설 수 있는 동료를 얼마나 끌어 모을 수 있느냐가 중요하다."

국내시장과 글로벌시장

1990년대 인도는 세계에서 심장병 환자가 가장 많았다. 시장이 넓다고 생각한 GE는 심전도를 측정하는 심전도계를 갖고 인도에 진출했다. 미국뿐만 아니라 유럽에서도 인기가 높은 제품이었다. 근데 인도에서는 팔리지 않았다. 두 가지 이유 때문이다. 첫째, 가격이다. 소득이 높은 선진국에서는 2만 달러가 별개 아니지만 당시 인도에서는 너무 높은 가격이었다. 그 가격에 그 물건을 살 수 있는 병원은 별로 없었다. 둘째, 무게다. 가격만큼 무게가 많이 나갔다. 사실 가격보다 무게가 더 큰 문제였다. 교통수단이 원활하지 못한 인도에서 의사들은 자주 왕진을 다녀야 했는데 그걸 들고 다니는 건 보통 일이 아니었다. 환자가 알아서 병원까지 오는 미국과 의사가 환자에게 가는 인도는 시장이 근본적으로 달랐다. 이런 두 가지 이유 때문에 제대로 팔리지 않았다. GE는 전략을 바꾸기로 했고 몇 년 후 3킬로그램의 무게에 500달러짜리 휴대용 심전도계를 개발했다. 쉽게 들고 다닐 수 있게 손잡이도 만들었다. 이 제품은 인도 시장에서 히트를 쳤다.

국내시장에서 통하는 물건을 글로벌하게 파는 건 모든 회사의 비전이자 꿈이다. 근데 국내에서 통한다고 글로벌하게 통하는 건 아니다. 시장이 다르고 고객 수준과 니즈가 다르고 문화가 다르기 때문이다. 그럼 어떻게 해야 할까? 순서를 바꾸면 통하는 경우가 제법 있다. 국내에서 통하는 물건으로 새로운 시장에 진출하는 것보다 때로는 해외에서 통하는 물건을 먼저 팔아본 후 이를 국내로 들여오는 것이다. 비용이 적게 드는 신흥개발국 니즈에 맞춘 제품을 먼저 개발한 후 그 제품을 거꾸로 선진국 시장에 공급하는 것이다. 물론 순서에 정답은 없지만 국내 먼저 글로벌은 그 후가 늘 옳은 건 아니다.

궁리

궁리窮理는 궁한 후 이치를 깨우친다는 말이다. 궁窮을 뜯어보면 동굴 혈穴 + 몸 신身 + 활 궁弓이다. 좁은 굴 안에 몸을 활처럼 굽혀 기어들어 갔는데 가다 보니 앞이 막혀 있다. 앞으로 가기도, 뒤로 돌아가기도 곤란하다. 그게 궁이다. 궁색하다, 궁지에 빠졌다는 건 다 트러블에 빠졌다는 의미다. 근데 뒤에 이치를 뜻하는 리理가 있다. 궁해야 이치를 깨우친다는 말이다. 궁하지 않으면 이치를 깨우칠 수 없다는 말이다. 어떻게 이런 생각을 했을까? 옛사람들의 지혜에 감탄을 금치 못한다. 누구나 다 깨우친 삶을 살고 싶어 한다. 그러기 위해 가장 필요한 건 고난이고 트러블이다. 사람을 세우려면 먼저 쓰러뜨린다는 성현의 말씀이 딱 여기에 해당한다. 개인적으로 내가 제일 좋아하는 단어다.

궁즉변 변즉통 통즉구

궁하면 변해야 하고, 변하면 통하고, 통하면 오래간다. 참 오래된 격언이다. 순서가 절묘하다. 반대로 생각하면 이렇다. 궁하지 않으면 변할 수 없고, 변하지 않으면 통하지 않고, 통하지 않으면 조만간 문제가 생긴다는 말이다. 변화의 첫 스텝은 바로 궁한 것이다. 절실함이다. 모든 것이 그렇다. 몸이 그렇다. 대부분 사람은 남산만 한 배를 갖고 다닌다. 온갖 성인병 약을 보약처럼 먹는다. 하지만 문제의 심각성을 느끼지 못한다. 궁하지 않은 것이다. 말로는 운동을 해야지 해야지 하면서 아무 노력을 하지 않는다. 변화에 대한 욕구가 없다. 연초에 헬스에 등록해 몇 번 나가지만 관성의 법칙에 의해 도로아미타불이 된다.

리더십 이슈도 그렇다. 경영은 잘하고 싶어 하지만 별다른 노력을 하지 않는다. 예전 방식으로 감시하고 잔소리하고 못살게 굴어야 성과가 난다고 생각한다. 그러다 인재가 떠나고 고객이 떠나면서 회사는 어려워진다. 그렇지만 자신을 돌아보는 대신 불황을 탓하고 환경을 탓한다. 당연히 변화는 일어나지 않는다. 매일 도돌이표 같은 생활을 계속한다. 뭐든 절실해야 한다. 궁해야 한다. 그래야 변할 수 있다.

변화에서 최선은 궁하기 전에 변하는 것이다. 시대 흐름을 느끼고 거기에 맞춰 자신과 조직을 변화시키는 것이다. 다음은 궁한 이후에 변하는 것이다. 뭔가 문제가 생긴 걸 알고 위기의식을 느낀 후 변하는 것이다. 마지막은 문제가 생겼지만 애써 이를 무시하고 예전 방식으로 살다 장렬히 전사하는 것이다.

근육과 자세

어느 모임에서 무용과 발레로 다져진 여성을 만난 적이 있다. 나를 비롯한 모든 사람이 그녀의 반듯한 자세에 놀랐다. 어떻게 말하는 내내 그렇게 반듯한 자세를 유지할 수 있는지 경이로웠다. 그렇게 꼿꼿하게 있는 게 힘들지 않느냐는 질문에 그녀는 이 자세가 가장 편하다고 한다. 자신에게 오히려 삐딱하고 수그린 자세가 훨씬 힘들다는 것이다. 자신은 그런 자세를 하고 싶어도 할 수 없다는 것이다. 자세는 그 사람에 대해 많은 정보를 준다. 꼿꼿하고 반듯한 자세는 그 자체로 그 사람이 괜찮고 다듬어진 사람이란 증거다. 그래서 "좋은 자세를 가져라." "어깨를 펴라."라는 말을 자주한다.

근데 자세를 바로 하고 싶다고 바로 할 수 있을까? 잠시는 자세를 똑바로 할 수 있지만 바로 가장 편한 자세로 되돌아온다. 그래서 웅크린 사람은 늘 웅크리고 삐딱한 사람은 늘 삐딱한 자세로 지낸다. 왜 그럴까? 자세는 하루 아침에 만들어지지 않기 때문이다. 갑자기 좋아지지도 않고 갑자기 나빠지지도 않는다. 자신에게 편한 자세가 오랜 세월에 걸쳐 몸에 익숙해지고 몸에 배는 것이다.

그런 면에서 난 자세보다는 자세를 위한 근육이 발달해야 한다고 생각한다. 내 자세가 좋지 않다는 걸 인지해도 그 자세를 위한 근육이 부족하면 원하는 자세를 가질 수 없다. 근육운동을 한 지 10년이 되어간다. 난 매일 코치에게 어깨를 펴라는 얘기를 듣는다. 남들보다는 펴 있다고 생각하지만 코치가 보기엔 아직 부족하기 때문이다. 좋은 자세를 원하는가? 그렇다면 좋은 자세를 위한 운동을 하라. 어깨를 펴고 편 어깨를 유지할 수 있게끔 근육을 만들어라. 근육이 먼저고 자세가 나중이다.

글 쓰는 순서

요즘 글쓰기가 유행이다. 정확하게는 책을 쓰고 싶다는 사람이 늘고 있다. 나 역시 이런 글쓰기에 욕망을 가진 이를 대상으로 글쓰기 모임을 8기까지 운영한 경험이 있다. 글 쓰는 사람이 세상을 바꾼다고 생각해 '글사세'라고 이름 지었다. 글쓰기에도 순서가 있다. 인풋이 먼저고 아웃풋이 나중이다. 먼저 많은 경험과 지식이 축적되어야 한다. 시쳇말로 밑천이 든든해야 한다. 그럼 글로 이를 뽑아낼 수 있다. 글쓰기 학교를 하다 보면 쉽게 몇 달 만에 책을 써서 10쇄까지 찍은 사람부터 아무리 해도 글을 쓸 수 없다는 사람까지 다양하다. 여러 이유가 있지만 가장 큰 건 밑천의 차이가 아닐까 싶다. 나 또한 책 소개가 직업이 된 후 자연스럽게 책을 50권 쓴 저자가 되었다. 인풋이 있으니까 이를 바탕으로 책을 쓴 거 같다.

그렇다면 칼럼은 어떤 순서로 쓸까? 조선일보의 명 칼럼니스트 조용헌 선생은 다음 순서로 칼럼을 쓴다고 한다. 가장 먼저 책을 읽는다. 재료를 입력하는 순간이다. 다음은 전문가와 얘기를 나눈다. 일종의 영점 조정이다. 자신의 생각에 대한 피드백을 받는 시간이다. 이후 현장을 방문하고 산책을 하면서 머릿속에서 칼럼을 완성한다. 인풋한 걸 소화한 이후 글을 쓴다는 것이다. 인풋이 먼저고 아웃풋이 나중인 것이다. 많은 사람이 글을 쓰겠다고 굳게 결심하지만 쉽게 무너지는 이유는 인풋 없이 아웃풋을 내려고 하기 때문이다.

글쓰기와 머릿속 정리

가끔 머릿속이 뒤죽박죽 혼란스러울 때가 있다. 이 일이 어떤 일인지, 어떻게 해야 좋을지 몰라 당황스럽다. 이럴 때 머릿속을 정리하는 최선의 방법은 글을 쓰는 것이다. 그럼 머릿속이 정리된다. 글쓰기와 머릿속 정리 중 어느 쪽이 앞일까? 난 글쓰기가 먼저라고 생각한다. 머릿속 내용들이 정리되어야 글을 쓸 수 있는 것이 아니라 글을 써야 머릿속 내용이 정리된다. 글쓰기는 곧 생각하기다. 생각 정리다.

사람들이 혼란스런 삶을 사는 이유는 글을 쓰지 않기 때문이다. 헝클어진 상태로 생활하기 때문이다. 이럴 때는 일단 가만히 있을 수 있어야 한다. 적막함을 견디고 자신과 마주 설 수 있어야 한다. 이게 수정守靜이다. 가만히 있을 수 있다는 한자말이다. 이후 차분하게 글을 써보라. 현재 머릿속에 실타래처럼 엉킨 생각을 글로 풀어보라. 어떤 일이 일어날까? 생각이 정리되면서 달라지는 당신을 볼 수 있을 것이다. 때로 그 생각을 말로 털어내는 것도 방법이지만 말은 상대가 있어야 가능하다.

글을 써야 전문가가 된다

내가 생각하는 전문가의 정의 중 하나는 자신이 아는 것을 글로 표현하는 것이고 그 글을 모아 책을 내는 사람이다. 대부분 사람은 엄두를 내지 못한다. 아직은 때가 아니라고 하거나 아는 것은 많지만 글 쓸 시간이 없다고 얘기한다. 하지만 빨리 전문가가 되고 싶다고 말한다. 언젠가 여유가 생겨 글을 쓰고 싶다고도 말한다. 난 그 언젠가는 영원히 오지 않을 것이라고 단언한다. 순서가 잘못되었기 때문이다. 전문가가 글을 쓰는 게 아니라 글을 써야 전문가가 되는 것이다.

아는 게 많지만 글을 쓰지 않는 사람과 아는 건 그다지 많지 않아도 글로 표현해 책으로 엮은 사람 중 누가 더 전문가 대접을 받을까? 상상해보길 바란다. 최선은 아는 게 많은 사람이 그때그때 아는 걸 글로 표현하는 것이다. 그럼 천하무적이 되지 않을까? 가끔 "아는 것도 별로 없는 사람이 책을 써서 유명해진 게 꼴 보기 싫다."라는 말을 듣는다. 난 속으로 이렇게 얘기한다. '아는 것도 많은 당신이 책을 쓰면 더 대접을 받을 텐데 왜 글을 쓰지 않지?' 전문가가 되는 것과 글을 쓰는 것의 순서는 왔다 갔다가 아닐까? 전문가 냄새가 날 때쯤 글을 써보라. 더 끝내주는 전문가가 될 것이다. 전문가 냄새는 나지만 아예 글과는 담을 쌓고 지낸다. 그럼 계속 냄새만 피우는 사람이 되지 않을까? 전문가가 글을 쓰는 게 아니다. 글을 쓰면서, 글을 쓰는 과정에서, 글을 쓴 이후 전문가로 등극하는 것이다.

기본기 습득이 먼저다

손흥민 아버지 손웅정은 치명적인 아킬레스건 부상을 당하면서 선수 생활을 종료했다. 기본기가 안 된 상태에서 악으로 뛰다 일어난 일이란 게 그의 분석이다. 그래서 그는 기본기 습득에 목숨을 걸었다. 골대 앞에서 어처구니없는 실수도 기본기 부족 때문이다. 체계적인 훈련으로 반사적으로 동작이 나와야 하는데 그건 하루 아침에 되지 않기 때문이다. 기본기를 갖추면 25세 정도 되었을 때 최고의 기량을 낼 수 있다. 손흥민이 그 증거다.

손흥민이 함부르크와 계약했을 때 사람들은 혜성처럼 나타났다고 했지만 틀린 말이다. 세상에 혜성처럼 나타나는 일은 없다. 그동안 순서대로 차곡차곡 쌓아 올린 기본기가 그때 발현된 것뿐이다. 뿌리가 튼튼한 게 먼저다. 보이는 위쪽보다 보이지 않는 아래쪽을 먼저 봐야 한다. 가장 중요한 기본기는 볼과 몸이 하나가 되는 것이다. 그래서 일부러 공을 최대한 팽팽하게 만들었다. 반발력을 극도로 높여 공을 다루기 어렵게 만든 것이다. 쓸데없이 선수의 몸을 혹사하지 않는 방법으로 훈련했다. 축구에 필요한 체력과 근육 외에는 사용하지 않아야 한다고 생각했다. 땡볕에서 훈련할 때도 본인은 땡볕에 있고 손흥민은 그늘에서 했다.

기브 앤드 테이크

인생을 100미터 달리기로 보는가, 아니면 마라톤으로 보는가? 난 하루하루는 100미터 달리기로, 전체는 마라톤으로 본다. 하루를 전력 질주하는 기분으로 열심히 살고 푹 쉬고 그다음 날도 비슷한 패턴으로 살자는 것이다. 중요한 건 모든 게 연결되어 있고 그것들이 서로에게 영향을 준다는 사실이다. 가장 먼저 시간의 연결이다. 어제가 오늘로 이어지고 오늘이 내일로 이어진다.

관계도 그렇다. 인생을 한철 장사로 생각하는 사람과 관계가 내 삶에 결정적 영향을 끼친다고 생각하는 사람은 사람을 대하는 태도가 달라진다. 어떻게 하면 좋은 관계를 유지할 수 있을까? 먼저 주면 된다. 먼저 주는 사람이 성공할 확률이 높다. 의대생들의 성적도 그렇다. 무언가를 주는 기버는 열심히 자기 것을 챙기는 테이커에 비해 초기에는 부진하다. 남의 일에 신경 쓰느라 정작 자기 일을 소홀할 가능성이 크기 때문이다. 하지만 6년 차가 되면 기버의 성적이 올라간다. 왜 그럴까? 학년이 올라갈수록 개별수업보다 회진, 인턴십, 환자진료 등으로 과정이 바뀌면서 팀워크가 결정적 역할을 하기 때문이다.

주고받는 걸 기준으로 사람을 세 종류로 나눌 수 있다. 첫째, 기버다. 주는 사람이다. 이들은 자신보다 남들에게 더 많은 정성을 들인다. 둘째, 테이커다. 이들은 주는 것보다 받는 게 많고 늘 자기 이익이 최우선이다. 셋째, 매처다. 이들은 주는 만큼 받아야 하는 사람이다. 여러분은 어디에 속하는가? 근데 기버가 되는 게 대단한 희생을 필요로 하는 건 아니다. 타인을 돕는 것, 조언하는 것, 공적을 나누는 것, 남을 위한 인간관계를 맺는 것 등이 주는 것이다. 기준은 '타인의 이익을 위해 행동하는가'다. 테이커는 단기적으로 승리를 거

둘 확률이 높은데 테이커가 승리하면 사람들은 험담이란 무기로 응징한다. 잠시 성공한 것처럼 보이지만 지속가능하지 않다는 것이다. 근데 기버가 성공하면 사람들은 그에게 환호한다. 당연히 지속가능하다.

당신의 성공을 많은 사람이 바라는가? 아니면 당신이 성공하면 많은 사람이 시기하고 질투할 것 같은가? 어떻게 하면 사람들로 하여금 당신의 성공을 바라게 할 수 있을까? 먼저 베풀면 된다. 먼저 주면 된다. 본인의 이익보다 다른 사람들의 이익에 관심을 두면 된다. 남을 돕는 것에서 기쁨을 느끼면 된다. 그다지 어려운 일이 아니다.

기술의 일생

주기적으로 세상을 흔드는 기술이 등장한다. 컴퓨터, 텔레비전, 자동차 등이 그렇다. 가깝게는 스마트폰이 세상을 흔들었고 지금도 흔드는 중이다. 최근에는 챗GPT가 세상을 흔들 것 같다. 나부터 네이버나 구글보다는 챗GPT와 많은 시간을 수다 떠는 데 쓰고 있다. 실수도 많고 틀린 것도 많고 아직은 보완할 점이 수두룩하지만 그가 가진 잠재력을 나는 높게 평가하고 있다. 앞으로 이 기술이 어떻게 진화할지 정말 궁금하다. 이럴 때 이를 상상하는 방법이 하나 있다. 니콜라이 콘트라티예프가 주장한 기술 변화의 4단계가 그것이다. 모든 기술은 다음 네 단계를 거치면서 발전한다는 것이다.

1단계, 잠복기다. 당장에 주목받지 못하고 부각되지도 않고 변방에 똬리를 튼다. 얼리어댑터는 이때부터 기술에 주목해 공부하고 주식을 사기도 한다. 나 같은 사람은 해당되지 않는다. 2단계, 광풍기다. 신기술이 차츰 역량과 존재감을 키우고 어느 순간 지지층이 폭발적으로 늘어난다. 버블의 시작이다. 동시에 열광과 붕괴가 반복한다. 3단계, 번영기다. 버블이 꺼지면서 옥석이 가려진다. 아마존이나 구글은 닷컴 버블을 거치며 단련되었다. 잠복기에는 기대가 실제에 미치지 못하고 광풍기에는 기대가 실제보다 넘쳤다면 이제는 양자가 조화를 이루는 시기다. 마지막 4단계, 성숙기다. 어느 정도 기술에 익숙해지면서 문제점도 보완된다.

기획

기획企劃은 바랄 기企, 새길 획劃이다. 먼저 바라는 것을 그리고 머리에 이를 새긴다는 뜻이다. 모든 일은 아이디어에서 출발한다. 이렇게 하면 어떨까 생각하다 그 아이디어가 커지고 커져 실제가 되는 것이다. 그 중간 단계가 아이디어를 글로 옮겨 사람들과 공유하고 누군가를 설득하는 것이다. 구체화하고 투자도 받고 하는 것이다. 영어의 콘셉트Concept도 기획과 비슷하다. 셉트cept는 잡는다는 뜻이다. 아이디어만으론 충분치 않다. 날아다니는 아이디어를 그림으로 잡든지 글로 잡아챌 수 있어야 한다. 그게 기획이다.

길이 먼저다

만약 경부고속도로를 만들지 않았다면 우리는 어떻게 되어 있을까? 서울과 강릉 간 영동고속도로를 건설하지 않았다면 지금처럼 편하게 강릉을 왕복할 수 있을까? 길이 먼저일까, 사람이 먼저일까? 서로가 서로에게 영향을 주는 것 같다. 대표적인 것은 "모든 길은 로마로 통한다."라고 할 때의 로마의 길이다. 로마인들은 길을 만들 때는 우선 지면을 1~1.5미터 정도 팠다. 도로의 토대를 만들기 위해서다. 1층에는 자갈을 30센티미터 높이로 촘촘하게 채워 다지고 그 위 2층에는 점토, 자갈, 돌멩이를 섞어 다졌다. 이렇게 2층 구조를 다졌기에 무거운 전차가 지나가도 끄떡없었다. 3층에는 잘게 부순 돌멩이를 완만한 아치형으로 깔아 비가 와도 잘 빠지도록 했다. 4층인 도로 표면에는 사방 70센티미터 정도로 자른 큼직하고 평평한 마름돌을 깔아 울퉁불퉁한 요철을 없앴다.

이렇게 완성한 로마 가도는 유사시에 신속하게 진군할 수 있는 것은 물론 병사들의 일거리를 마련해줄 수도 있었다. 속주에서 로마에 바치는 공물을 운반하는 길이기도 했다. 상인의 왕래가 활발해짐에 따라 무역로 역할도 겸했다. 아프리카의 상아, 아라비아의 침향, 인도의 후추 등 진귀한 향신료·보석·면직물, 중국의 생사와 비단 제품이 로마 가도를 거쳐 로마로 들어왔다. 로마 가도를 따라 각지에서 로마로 사람들이 모여드는 가운데 정보 교환이 활발해질 수밖에 없었다. 로마가 광대한 영토를 장기간에 걸쳐 지배할 수 있었던 요인 중에는 이러한 정보 전달 구조 또한 커다란 역할을 했다. 이를 보면 길은 단순히 길 이상의 의미를 갖고 있다.

깨달음의 순서

하루 아침에 갑자기 깨닫기는 쉽지 않다. 깨달음에도 순서가 필요하다. 깨닫기 위해서는 다음 세 가지 조건을 만족해야 한다. 첫째, 자각自覺이다. 자신이 먼저 깨닫는 것이다. 둘째, 각타覺他다. 다른 이를 깨닫게 하는 것이다. 자기가 먼저 깨닫고 이를 통해 남을 깨닫게 하는 것이다. 셋째, 각행원만覺行圓滿이다. 깨달음과 행함이 하나가 되게 하는 것이다. 아는 것으로는 충분치 않고 아는 걸 실행해야 비로소 완성된다는 의미다. 이 세 가지 조건이 들어맞으면 부처가 될 수 있다. 부처는 깨달은 사람이고 보살菩薩은 앞의 두 가지는 있는데 마지막 한 가지가 부족한 사람이다. 불교는 깨달음의 종교다. 각오覺悟는 성불의 관건이다. 중국의 역사학자 이중톈의 주장이다.

나만의 명상법

　새벽마다 20분쯤 명상을 한다. 내가 하는 명상은 별게 없다. 눈을 감고 호흡에 집중한다. 처음에는 여러 생각이 나지만 그걸 굳이 없애려 하지 않는다. 어제를 회상하고 주변 사람들의 축복을 빌고 오늘 할 일에 대한 생각을 정리하는 식으로 진행한다. 신문에서 김재성 교수의 자애명상법이 눈길을 끌었다. 이를 간단히 소개한다. 준비단계에서는 용서를 구하고 용서를 한다. "내가 다른 사람에게 몸으로, 입으로, 생각으로 잘못을 했다면 내가 평화롭고 행복하게 살수 있도록 용서받기를 원합니다. 또한 누군가 나에게 몸으로, 입으로, 생각을 잘못을 했다면 그들이 평화롭고 행복하게 살 수 있도록나는 용서합니다."라는 주문을 외운다. 그가 생각하는 명상 순서는다음과 같다.

첫째, 자신에 대한 자애명상이다. 나 자신이 행복하고 평화롭기를, 안전하고 자유롭기를, 괴로움과 슬픔에서 벗어나기를 기원한다. 둘째, 한정된 대상에 대한 자애명상이다. 고마운 사람, 존경하는 사람, 은인이나 사랑하는 사람, 스승님이 행복하고 평화롭기를, 안전하고 자유롭기를, 괴로움과 슬픔에서 벗어나기를 기원한다. 셋째, 모든 존재에 대한 자애명상이다. 모든 존재가 행복하고 평화롭기를, 안전하고 자유롭기를, 괴로움과 슬픔에서 벗어나기를 기원한다.

나쁜 소식을 먼저

회사에는 두 종류가 있다. 듣기 싫은 얘기가 많이 나오는 회사와 좋은 말만 나오는 회사가 그것이다. 불편한 얘기를 편하게 할 수 있는 회사는 비전이 있다. 반대로 듣기 좋은 얘기, 그럴 듯한 얘기만이 나오는 회사는 위험하다. 도요타 철학 중 하나는 '배드 뉴스 퍼스트 Bad News First'다. 나쁜 소식을 먼저 전하라는 것이다. 그 덕분에 지금의 도요타가 되었을 것이다.

노자 『도덕경』에 "신언불미信言不美 미언불신美言不信"이란 말이 나온다. 진실한 말은 듣기 좋지 않고 듣기 좋은 말은 진실하지 않다는 말이다. 귀에 거슬리는 말이 진실일 가능성이 높다. 후진 회사일수록 사람들은 입에 발린 말만 한다. 특히 상사가 나쁜 소식을 전하는 사람에게 인상을 쓰면 그 회사는 소통 채널이 끊어진다.

교언영색을 일삼는 사람을 조심하라. 윗사람 눈치를 슬슬 보면서 달콤한 얘기를 속삭이는 사람을 멀리하라. 만고의 진리다. 현재 당신 회사는 어떤가?

내가 먼저다

젊은 애기 엄마들을 대상으로 독서토론회를 진행한 적이 있다. 책 읽는 엄마가 세상을 바꾼다고 생각해 '책엄세'로 이름을 지었다. 매주 혹은 격주에 한 번 내가 쓴 책을 읽게 했다. 각자 책을 요약하고 거기에 대한 질문을 준비한 후 만나 두 시간쯤 책에 대한 얘기를 한다. 책은 대화를 위한 수단이고 삶의 여러 이슈에 대해 얘기를 나누는 게 목적이다. 그들의 삶에 대해 정말 많은 걸 배운다. 일정 과정을 마친 후 이들을 대상으로 글쓰기 모임을 시작했다. 글 쓰는 사람이 세상을 바꾼다를 줄여 '글사세'로 이름 지었다. 책을 읽고 자기 생각을 털어놓은 후 글로 쓰게 했다. 주제를 주는 경우도 있고 자유 주제로 하는 경우도 있다.

처음에는 애 얘기, 남편 얘기, 시댁 얘기가 많이 나왔는데 뒤로 가면서 자기 얘기를 많이 한다. 처음엔 육아가 주된 관심사였는데 책을 읽고 글을 쓰면서 자신을 찾고 싶다는 생각이 들었다는 것이다. 애 때문에 자기 인생을 빼앗길 수는 없다는 것이 이들의 공통점이다. 다 대학 나와 직장 다니던 사람들이고 전문가도 있었다. 난 이들과 몇 달간 얘기 나누고 밥 먹고 이들이 쓴 글을 읽으면서 사람의 변화를 몸으로 느끼고 있다. 이들에게 가장 중요한 건 바로 자신이다. 부모도 아니고 국가와 사회도 아니다. 배우자도 아니고 그렇게 예쁜 자식도 아니다. 이들에게 가장 중요한 건 바로 자기 자신이다.

아무리 애가 예뻐도 자식 때문에 자기 인생을 희생할 수는 없다는 것이 공통된 특징이다. 그 글 중 한 대목을 요약하면 이렇다.

"엄마의 긍정적 언어에 대해 강조한 책들을 많이 읽는다. 가능한 한 아이들에게 긍정적인 언어를 쓰라는 것이다. 그렇게 하고 싶다. 하지만 현실적으로 힘들 때가 많다. 회사를 다니며 애를 보는 나 같은 워킹맘들은 특히 그렇다. 회사 일로 몸은 지치고 피곤한데 아이 얘기를 늘 상냥하고 기쁘게 들어줄 수는 없다. 말을 곱게 해야 한다는 사실은 알고 있지만 몸이 말을 듣지 않는다. 겉으론 괜찮다고 말하지만 목소리와 표정에 짜증이 고스란히 녹아 있다. 지치고 피곤한 상태에서 긍정적이고 에너지 넘치는 격려와 칭찬은 불가능하다. 흔히 '실수해도 괜찮아.'라고 말은 하지만 이는 진짜 괜찮을 때만 의미가 있다. 굳은 표정으로 '야!' 먼저 소리 질러 놓고는 뒤늦게 괜찮다고 얘기한 적이 있는데 이미 그 자체로 아이에겐 상처다. 이런 상처가 쌓이면 아이는 실수할까 봐, 혼날까 봐 아무것도 하지 않을지 모른다. 난 이 과정을 보면서 아이보다 엄마인 내가 더 중요하다고 생각했다. 내 마음이 진짜 괜찮아야 괜찮은 거다. 사실은 괜찮지 않으면서 괜찮은 척하는 건 쉽지 않고 그런 척해도 애는 다 안다. 내가 먼저다."

내가 생각하는 밀레니얼 세대의 가장 큰 특징은 '자신을 가장 중요시'한다는 것이다. 회사 일도 그렇다. 그냥 회사에서 하라는 일이니까 해야 된다? 그럴 사람은 없다. 이런 식으로 얘길하면 겉으로 드러내진 않아도 기계적으로 할 가능성이 높다. 성과와 연결되지 않는다. 이들과 일하기 위해서는 이들이 스스로 중요한 사람이란 걸 느끼게 해줘야 한다. 아니, 실제 이들을 중요한 사람으로 대해야 한다. 사실 이게 정답이지만 그동안 그렇게 안 한 것이다. 어떻게 하면 그렇게 할 수 있을까?

첫째, 이들을 인간으로서 존중해야 한다. 부하이기 전에 한 가정의 자식이고 누군가의 배우자고 한 사람의 부모다. 이게 가장 중요하다. 둘째, 이들에게 관심을 가져야 한다. 말로만 존중한다고 하면 안 된다. 존중한다는 걸 증명해야 하는데 그게 바로 관심이다. 쓸데없는 관심이 아니라 건강하고 진실된 관심이다. 마지막은 질문이다. 나쁜 질문, 질문을 가장한 지시 대신 좋은 질문을 던지는 것이다. 그중 하나가 그들의 가치관을 묻는 것이다. 그들에게 가장 소중한 건 무언지, 그들이 가장 견디지 못하는 건 무언지를 물어야 한다. 일에 대한 것도 질문해야 한다. 단순히 생계 유지를 넘어 이 일이 그들에게 어떤 의미인지를 물어야 한다. 왜? 인간은 누구나 자신이 먼저이기 때문이다. 내가 먼저다.

내가 일하는 순서

결론부터 말하면 나는 하기 싫은 일부터 한다. 하기로 한 일은 바로 한다. 예전엔 그렇지 않았는데 어느 순간부터 그렇게 한다. 특히 하기 싫은 일은 눈 딱 감고 바로 한다. 치과 예약이 대표적이다. 치과 가는 일은 가능하면 미루고 싶다. 그럴수록 바로 날을 잡아 치료를 받는다. 그래야 마음이 편하다. 보통은 하기 쉬운 일부터 한다.

그럼 하기 싫은 일이 남아 나를 괴롭힌다. "해야 하는데 어쩌지. 정말 싫다." 이런 감정이 나를 지배한다. 난 그 사실이 너무 불편하고 찜찜하다. 돈을 보내기로 했으면 보내면 된다. 잇몸 치료를 받기로 했으면 받으면 된다. 안 한다고 없어지는 것도 아니다. 어차피 할 것 빨리 해치워야 마음에 평화가 온다. 매번 운동을 해야 한다고 결심만 하는 사람에게 주는 유용한 팁은 매일 자기 전에 푸시업을 한 번만 하는 것이다. 그럼 어떤 일이 일어날까? 한 번만 하기는 쉽지 않다. 한 김에 몇 번을 더 한다. 실행은 시작이고 게으름은 미루기다.

내가 생각하는 최악의 습관은 미루는 습관이다. 내가 생각하는 미루기는 즉각적인 만족과 미래의 만족 사이에서 늘 즉각적인 만족을 택하고 미래의 만족을 버리는 행위다. 하면 좋을 일을 하느라 해야만 하는 일을 하지 않다 막판에 할 수 없이 하는 것이다. 당연히 욕먹지 않을 수준의 결과밖에 내지 못한다. 힘들어도 힘든 일에 집중해야 한다. 우선순위 높은 일을 먼저 끝내야 한다. 지금 대가를 치러야 나중에 잘 놀 수 있다. 방 정리를 미뤘다고 인생이 무너지지는 않는다. 그러나 습관적으로 집안일을 미루고 습관적으로 공부를 미루던 사람은 위태로운 삶을 살게 될 가능성이 높다.

내용이 먼저다

글을 쓸 때 제목을 먼저 뽑아야 할까? 아니면 나중에 뽑는 게 좋을까? 정답은 없다. 사안별로 다르다. 나는 내용을 먼저 쓰고 제목은 나중에 뽑는다. 중요한 건 내용이 좋아야 한다는 것이다. 원고가 좋으면 제목도 잘 나오는 법이다. 포장을 잘한다고 내용물이 달라지지는 않는다. 시들시들한 과일을 멋지게 프장한다고 시들은 과일이 싱싱해지지 않는 것과 같은 이치다. 중요한 건 기막힌 제목이 아니라 기막히게 좋은 글이다. 그렇다면 좋은 글이란 무엇일까? 내가 생각하는 좋은 글은 메시지가 분명하고 잘 읽히는 글이다. 재미도 있고 의미도 있는 글이다. 짧지만 강력하게 와닿는 글이다. 사람들에게 공감을 불러일으켜 생각에 영향을 줄 수 있는 글이다.

또 다른 하나는 제목을 먼저 정하면 제목에 사로잡혀 생각이 자유롭지 못하다는 것이다. 파워포인트로 강의하면 장표에 맞춰 얘기할 수밖에 없는 것과 같다. 글을 쓴다는 건 낚시를 하는 것과 같다. 낚싯줄을 늘어뜨리고 있지만 어떤 고기가 잡힐지 알 수 없다. 원래는 이런 내용으로 쓰려고 했는데 쓰다 보면 다른 내용의 글을 쓰고 있는 경우가 허다하다. 그렇다고 제독이 중요하지 않다는 건 절대아니다. 제목은 무엇보다 중요하다. 제목 그 자체로 많은 메시지를 전달할 수 있기 때문이다. 대강의 제목은 염두에 두지만 글을 완성한 이후에 다시 생각하고 다듬는 것이 내가 생각하는 이상적인 순서다.

넓게 파는 것과 깊게 파는 것

"나는 성공할 때까지 라면이라는 본업을 두더지 같은 정신으로 파고 파고 또 팔 것이다." 라면을 만든 안도 모모후쿠와 안도 고키 부자의 말이다. 라면의 원조는 중국이지만 이를 대중화하고 상품화

한 것은 일본이다. 왜 일본은 그런 방면에 강할까? 모노즈쿠리物造り 정신 때문이다. 일종의 장인정신이다. 자신이 하는 일에 자부심을 갖고 대를 이어 계속해 진화시키는 것이다. 한 우물을 파고 또 파는 것이다. 그래서 '1만 시간의 법칙' 같은 말을 신봉하는 의견도 있다.

하지만 과연 그럴까? 리스크는 없을까? 모든 사람이 한 구멍을 열심히 파야 할까? 일리는 있지만 아무 곳이나 깊게 파서는 안 된다. 아무 일이나 10년 한다고 고수가 되는 건 아니다. 파기 전에 할 일이 있다. 파기 전에 이곳저곳을 기웃거릴 필요가 있다. 의도적으로 여러 구멍을 보면서 전념할 가치가 있는지를 탐색해야 한다. 아무 생각 없이 한 구멍을 10년씩이나 파는 행위는 위험해 보인다. 넓게 파야 깊게 팔 수 있다. 잘 모르는 상태에서 너무 깊게 파다 보면 그곳에서 빠져나오기 어렵다. 전공을 정할 때, 직장을 고를 때 그게 어떤 것인지를 미리 알면 좋다. 그게 뭘 하는지도 알지 못하는 상태에서 깊게 파는 건 리스크가 크다.

노동과 오락

며칠 전 가족들과 곤지암 리조트에 놀러 갔다. 늘 그렇듯 새벽 4시쯤 눈이 떠졌는데 할 일이 없다. 그렇다고 가족들이 다 자는데 텔레비전을 볼 수도 없고 난감한 상태로 몇 시간을 보냈다. 그때 그런 생각이 들었다. 난 새벽마다 책 읽고 글 쓰고 자료 정리하는 일을 하는데 만약 이런 일이 없다면 넘치는 시간을 무얼 하며 보낼까? 지금 내가 하는 일은 노동일까, 아니면 오락일까? 노동이 아니라 건 분명하다. 억지로 하지 않기 때문이다. 오히려 오락에 가깝다. 내가 기꺼이 즐거운 마음으로 이 행위를 하기 때문이다. 이런 행위를 하는 게 하지 않는 것보다 낫기 때문이다. 그렇다면 노동은 무엇일까?

"예전의 노동은 '생산적으로 자아를 실현하면서 굶어 죽지 않을 만큼의 보수를 요구하는 행위'다. 새로운 노동은 자기 삶을 일에 맞추는 행위가 아니라 일을 자기 삶에 맞추는 행위다." 커뮤니케이션 전략가이자 브랜드 기획자 사샤 로보의 저서 『리얼리티 쇼크: 혼돈의 세계에서 살아남는 법』에 나오는 내용인데 제법 공감이 되었다.

뇌가 바쁘면 몸이 편하다

하루에 여러 일정을 잡지 않는다. 그렇게 바쁘게 살고 싶지도 않고 촘촘한 스케줄은 자칫하면 펑크 날 가능성도 크기 때문이다. 또 하루의 동선을 대충 예상해서 약속을 잡는다. 금요일 지방 강의는 가능하면 피하는 편이다. 길이 막히기 때문에 예측이 어렵기 때문이다. 근데 이를 무시하고 무리한 스케줄을 강행하는 친구들이 간혹 있다. 내가 봐도 그 시간에 맞춰 오기 어려울 것 같은데 무리하게 약속을 잡는다. 아니나 다를까. 약속에 30분 이상 늦어 다른 이들의 일정까지 흔들어 놓는다. 난 이런 사람을 볼 때마다 답답해진다. 왜 저렇게 무리하게 일정을 잡을까? 생각을 하면서 사는 것일까?

이럴 때 "뇌가 바쁘면 몸이 편하다Brain busy, body easy."란 말이 연상된다. 우리 표현으로 의역하면 "머리가 나쁘면 몸이 고달프다." 정도로 해석하면 좋다. 농담으로 자주 하는 말이지만 사실 진리 중 진리다.

머리를 쓰지 않으면 몸이 고달플 수밖에 없다. 임원이 되면서 근무 시간이 늘어나고 회의를 자주 하는 사람들이 있다. 그게 일을 잘하는 걸로 착각하기 때문이다. 승진을 시켜줬으니 뭔가 하긴 해야겠고 뭘 어떻게 해야 할지 아이디어는 없을 때 회의를 자주 하고 늦게까지 남아 있고 주말까지 근무한다. 성과는 나지 않고 직원들만 죽어난다. 주변에 너무 많아 사례를 들기 어려울 정도다.

누가 누구를 길들였을까

『총 균 쇠』란 책을 보면 인류의 문명을 좌우한 사건 중 하나가 '동물의 가축화'다. 얼마나 많은 동물을 가축화했느냐가 중요한 요소인 것이다. 가축화의 조건으로 저자 재러드 다이아몬드는 '안나 카레리나의 법칙'을 제시한다. 잘되는 집안은 한 가지 이유로 잘되는 반면 안되는 집안은 수많은 이유로 안된다는 것이다. 그중 몇 가지를 소개하면 다음과 같다.

첫째, 식성이다. 식성이 까다로우면 가축화를 할 수 없다. 유칼립투스 잎만 먹는 코알라가 대표적이다. 둘째, 성장 속도. 빨리빨리 자라야 한다. 고릴라처럼 성장에 15년이 걸리면 가축화의 의미가 없다. 셋째, 섹스다. 쉽게 섹스하고 번식해야 한다. 치타는 그래서 가축화에 실패했다. 치타는 감금 상태에서 섹스를 하지 않는다. 넷째, 성격이 좋아야 한다. 얼룩말이나 하마는 너무 공격적이다. 가젤은 너무 예민하다. 다섯째, 사회성이 있어야 한다. 고양이는 무리를 지어 살지 않는다. 사슴은 지도자가 없다. 몰고 다닐 수가 없다. 그는

"부르심을 받은 사람은 많지만, 뽑히는 사람은 적다."라는 「마태복음」의 구절로 결론을 내린다.

근데 이런 가축화에도 의문을 제기할 수 있다. 과연 인간이 동물을 가축화한 것일까? 반대로 동물이 의도적으로 인간에게 접근한 건 아닐까? 진화생물학자 팻 시프먼이 처음 주장했다. 늑대가 사람에게 먼저 접근했고 그중 일부가 개가 되었다는 설이다. 늑대가 먼저 접근했고 이후 사냥을 같이했다는 것이다. 철저한 동맹 관계였고 주종 관계가 아니란 것이다. 사람이 늑대를 길들인 게 아니라 늑대가 사람을 길들였다는 것이다. 사람이 일부일처제를 선택한 것도 늑대를 관찰하고 본받아서 그렇다는 것이다. 늑대는 철저한 일부일처를 채택하고 있다. 수많은 포유류 중 일부일처를 채택한 포유류는 극소수에 불과하다. 사람을 제외하고 갯과 동물이 거의 유일하다. 그래서 영장류를 연구한 학자들은 인간의 일부일처는 사기詐欺라고 말한다.

일부일처를 채택한 동물의 특징 중 하나는 암수 개체의 크기가 거의 같다는 것이다. 늑대는 암수 크기가 거의 같다. 인간도 남성이 여성보다 대략 10% 정도 더 크다. 생물학적으로는 일부일처보다는 일부다처 쪽으로 아주 약간 기울어져 있다. 일부일처 하면 조류를 많이 떠올리는데 사람의 일부일처는 조류와 비슷하다. 조류는 대체로 일부일처를 택하면서 쌍방이 바람을 피운다. 사람은 아마도 늑대나 조류를 보면서 일부일처 관계를 배웠을 가능성이 있다. 글사세 멤버인 이적성 씨의 주장인데 흥미롭다.

누가 누구를 변화시키나

이기적인 사람들은 자기 위주로 생각한다. 그래서 흔히 "누구 덕에 출세했는데? 그것도 몰라보고 배은망덕한 사람 같으니."라는 말을 많이 한다. 솔직히 그런 말을 들을 때 조금 불편하다. 무엇을 바라고 그런 일을 했을까? 그런 마음으로 산다면 얼마나 삶이 척박할까? 특히 자식 키우는 일이 그렇다. 자식 때문에 힘들기만 했는가? 자식에게 주기만 했는가? 그렇지 않다. 오히려 자식으로부터 많은 걸 얻었다. 아이들은 자라면서 온갖 귀염을 떤다. 사랑덩어리다. 난 손자 주원이를 보면서 그런 생각을 많이 한다. 내가 주원이를 돌본 것 같지만 실은 주원이가 나를 돌본 건 아닐까? 심심하고 외로운 노인을 위해 하늘에서 내게 보내준 천사가 아닐까? 코치끼리도 그런 얘기를 자주 한다. 누군가를 위해 코칭 공부를 했고 코칭을 통해 고객이 변하지만 실은 자신이 가장 많이 변했다는 고백이다.

누군가에게 뭔가를 베풀었고 그가 기대에 미치지 못했다는 생각이 들 때마다 난 다음 질문을 던진다. 누가 누구를 변화시킬까? 누가 누구 덕을 보는가? 누구 덕분에 행복한가?

눈 치우는 순서

스웨덴 정부가 중점적으로 신경 써야 하는 정책 중 하나는 제설 작업이다. 스웨덴 수도 스톡홀름은 눈 내리는 날이 연평균 170일에 달하기 때문이다. 수십 년 동안 지방의회 공무원들(대부분 남성)은 일상적인 통근에 최대한 지장이 없도록 제설 작업을 주요 간선도로부터 시작해 보행자도로와 자전거도로에서 끝냈다. 그런데 새로운 분석 결과 남녀가 대체로 성별에 따라 다른 방식으로 이동한다는 사실이 밝혀졌다. 남성은 주로 차를 타고 이동하지만 여성은 대중교통을 이용하거나 걸어서 갈 가능성이 높다. 게다가 남성과 여성은 이동 패턴도 달라서 남성은 차를 타고 하루에 두 번 마을을 드나드는 반면 여성은 외출이나 통근 시에 여러 가지 일을 보는 연쇄 이동trip-chaining 경향이 확연하다.

새로운 관점이 드러나자 이전에는 간과했던 통계자료들도 눈에 들어왔다. 스웨덴 북부에서는 빙판길에서 부상을 당하는 보행자가 자동차 운전자보다 세 배 더 많다는 사실도 발견했다. 보행자 사고로 발생하는 의료 비용이 겨울철 도로 정비 비용의 약 두 배에 달한다는 사실도 알았다. 그리하여 공무원들은 제설 작업 정책을 도로보다 먼저 보행자 우선으로 바꾸기에 이르렀다. 큰 길보다 골목길을 먼저 치우면서 부상자 숫자가 확 줄었다고 한다. 우리의 편견과 고정관념을 깨는 순서다.

다름을 알려면 같음을 알아야 한다

위조 지폐 인식을 전문으로 하는 직업이 있다. 복사기가 좋아지면서 이런 직업의 중요성은 더 커지고 있다. 근데 이런 직업을 갖기 위해서는 어떤 훈련을 해야 할까? 여러 종류의 가짜 지폐를 보는 대신 진짜 지폐를 매일 들여다보는 훈련을 해야 한다. 처음에 난 그 이유를 이해하지 못했다. 그러다 한양대학교 홍성태 교수의 강의를 듣고 조금 이해할 수 있었다. 마케팅 전문가인 그는 다름의 중요성, 차별화의 소중함을 강조하는데 다름을 인지하기 위해서는 먼저 같음을 인지해야 한다고 주장한다.

예를 들어 이런 것이다. 서양 사람들은 동양인을 구분하지 못한다. 그들 눈에 우리들은 다 비슷비슷하기 때문이다. 우리 눈에 아랍인 역시 비슷비슷하다. 덩치가 크고 눈과 코가 크고 털이 많고 머리에 터번을 둘러 그 사람이 그 사람 같다. 하지만 우리들은 동양인을 쉽게 구분하고 아랍인은 다른 아랍인을 잘 구분한다. 나름의 템플릿이 있기 때문이란다. 비슷한 사람들 사이에서 매일 살다 보면 나름의 템플릿이 생겨 조그만 차이도 바로 알아차린다. 하지만 그런 템플릿이 없으면 다 그게 그거로 느껴진다는 것이다. 우리에게 김치가 그렇고 프랑스 사람들에게 와인이 그렇다. 우린 김치를 평생 먹었기 때문에 나름의 템플릿이 있어 조그만 차이도 쉽게 구분할 수 있다. 하지만 서양인에게 김치는 다 그게 그거인 셈이다. 다름을 알려면 같음을 알아야 하는 이유다.

다양성과 포용

요즘 다양성에 대한 관심이 높아지고 있다. 결론부터 말하면 비슷비슷한 사람들끼리 모인 조직보다는 다양한 사람들이 모인 조직이 아이디어도 많고 리스크도 줄일 수 있다는 것이다. 그래서 기수 문화를 없애고 그때그때 외부에서 다양한 경력을 가진 사람을 채용하는 것이 유행이다. 삼성이나 엘지 같은 대기업도 그렇다. 난 그들의 안착을 돕기 위한 코칭을 많이 했는데 그 과정에서 다양성보다 더 중요한 전제가 필요하다는 걸 깨달았다. 그게 포용성이다. 외부의 낯선 이들을 기쁜 마음으로 포용할 수 있어야 하는데 이게 쉽지 않다.

포용성이 떨어지는 조직에서는 "굴러온 돌이 박힌 돌을 밀어낸다."라면서 다양한 이유로 이들을 밀어낸다. 눈에 띄지 않는 교묘한 방법으로 이들을 불편하게 만들어 제 발로 걸어 나가게 한다. 보통 줄여서 D&I라고 하는 "다양성과 포용성Diversity and Inclusion"이란 말은 순서가 잘못되었다. 포용이 먼저다. 받아들일 만반의 준비가 필요한데 포용이 없는 상태에서의 다양성은 조직을 혼란과 갈등으로 가득 차게 만들 뿐이다.

대관소찰

리더십의 핵심 중 하나는 상황 파악 능력이다. 도대체 무슨 일이 일어나고 있는지, 어떤 문제가 있고 그 문제의 원인이 무엇인지, 어떤 일부터 손을 대야 하는지, 해야 할 일과 하지 말아야 할 일이 무엇인지 구분할 수 있어야 한다. 별거 아닐 것 같지만 지식과 지혜의 정점에 있어야 할 수 있는 일이다. 조직의 꽃은 사업부장이다. 만약 여러분이 신규 사업부장이 되었다면 어떻게 상황을 파악하겠는가? 정답이 있을 수는 없지만 실제 유능한 대기업 사장으로부터 들은 얘기를 소개한다.

우선 히스토리를 정리한다. 사업을 어떻게 시작했고 그동안 어떤 과정을 밟아왔는지 살펴본다. 역사를 알아야 미래를 알 수 있기 때문이다. 다음은 대관소찰大觀小察이다. 크게 숲을 보고 나중에 디테일을 본다. 반대로 하면 곤란하다. 어떤 이는 디테일만 보느라 전체 그림을 보지 못한다. 회사 내부의 얘기만 듣는 대신 협력업체와 애널리스트 얘기까지 듣는다. 고객의 얘기를 듣는 대신 자기들끼리 칭찬하고 자위하는 행위는 조심한다. 다른 업종도 벤치마킹한다. 같은 업종보다는 다른 업종에서 문제에 대한 답을 얻을 수 있는 경우가 많기 때문이다. 무슨 일이건 객관적 상황 파악이 중요하다. 그것이 정확해야 다음 프로세스를 진행할 수 있다. 핵심은 다양한 시각의 확보다. 이렇게도 보고 저렇게도 보고 고객 입장에서도 보고 애널리스트 입장에서도 보자는 것이다. 그럼 객관성을 확보할 수 있다. 생생한 고객의 얘기를 듣고 이를 상품과 서비스에 적용할 수 있게 된다.

대화의 순서

대화를 잘하기 위해서는 어떻게 해야 할까? 변수와 상황이 너무 많아 쉽게 답하기 어렵다. 이럴 때는 반대 질문이 효과적이다. 대화를 망치기 위해서는 어떻게 해야 할까? 상대에게 관심을 보이지 않는다. 당연히 질문은 없다. 상대 질문에 대해서는 '예' 혹은 '아니요' 같이 단답형으로 답한다. 내 얘기만 길게 한다. 상대 반응 따위는 살피지 않는다. 상대가 얘기할 때는 스마트폰을 보거나 딴청을 한다. 상대 말에 조목조목 반박하거나 조언이나 충고를 늘어놓는다. 상대 얘기에 수시로 끼어들어 리듬을 깬다. 조금 그림이 그려지는가?

내 직업의 핵심 기술은 대화 기술이다. 난 대화로 먹고사는 사람이다. 대부분 낯선 사람들을 대상으로 뭔가 영양가 있는 얘기를 해야 한다. 일대일이나 일대다수로 얘기하는데 메커니즘은 비슷하다. 많은 강사가 파워포인트를 준비해 자신이 하고 싶은 얘기를 실컷 하고 끝낸다. 천편일률적이다. 근데 이런 방식은 나와 맞지 않는다. 난 쌍방향 소통을 선호한다. 상대에 따라 다양한 주제로 얘기 나누는 걸 좋아한다. 여기에도 순서가 필요하다.

첫째, 관심이 가장 중요하다. 내가 상대에게 관심을 가져야 상대도 내게 관심을 갖는다. 관심을 갖고 정보의 비대칭을 깨야 한다. 이 회사가 어떤 회사인지, 참석자는 어떤 사람인지, 어떤 상황에 있는지, 어떤 고민을 갖고 있는지가 가장 중요한 정보다. 그래서 사전에 관련 정보를 수집한다. 그럼 대충 어떤 얘기를 주고받을지 그릴 수 있다.

둘째, 오프닝에 신경을 써야 한다. 뭐든 처음에는 굳어 있다. 마음도, 분위기도 모두 굳어 있는데 이를 풀어야 한다.

셋째, 질문이다. 관심의 결과물은 질문이다. 관심이 있으면 질문이 나오고 관심이 없으면 질문은 나오지 않는다. 대화의 시작은 관심이다. 관심이 먼저다. 관심이 있으면 질문은 자동으로 나온다. 젊은 시절 미팅 장면을 회고해보라. 앞에 앉은 파트너가 맘에 들지 않으면 관심도 생기지 않는다. 관심이 없는데 질문이 나올 리 없다. 상대 질문에도 단답형으로 얘기하면서 대화는 조기 종료된다. 반면 맘에 드는 파트너가 나오면 나도 모르게 수많은 질문이 나온다.

넷째, 경청이다. 잘 듣는 것이다. 잘 들을 수 있어야 한다. 질문을 던진 후 딴짓을 한다면 그 자체로 대화는 종료다.

덕승재

의료기술자와 법률기술자의 특징은 무엇일까? 의대와 법대를 나왔으니 공부는 잘한 사람이다. 엄밀히 갈하면 공부보다 수능을 잘 본 사람이다. 출제자의 의도를 잘 파악히 거기에 맞춘 공부를 한 사람이다. 실제 공부와는 거리가 멀 수 있다. 이들은 좋은 대학과 면허를 위해 평생을 바친 사람들이다. 근데 과연 이들이 사회에도 기여를 했을까? 기여보다는 일신상의 유익을 위해 산 사람들이 많다. 자신의 좋은 머리를 활용해 돈을 버는 것에 치중했을 가능성이 크다. 지금 우리 사회의 가장 큰 문제는 덕은 없고 재능만 있는 사람들이 너무 날뛰고 있다는 것이다. 이들은 재능이 덕을 이긴 재승덕才勝德한 사람이다. 안타까운 일이다. 순서를 바꿔야 한다. 재능보다 덕이 먼저인 덕승재德勝才한 사람을 키울 수 있어야 한다.

자녀를 잘 키운 대표 선수는 전 예일대학교 교수 전혜성 박사다. 자녀가 모두 예일대학교와 하버드대학교 등 아이비리그를 졸업했다. 미 국무부 차관보, 매사추세츠주 보건후생부 장관, 하버드 공공보건대학원 부학장, 예일대 법대 학장 등을 역임했다. 미국 교육부가 '동양계 미국인 가정교육 연구 대상'으로 정한 가족이다. 전혜성 박사가 자녀들을 성공적으로 키운 노하우가 바로 덕승재다. 덕이 먼저고 재능은 나중이다.

도광양회

도광양회韜光養晦는 빛이 밖으로 퍼지지 않게 감추고 어둠 속에서 은밀히 힘을 기른다는 뜻이다. 중국의 덩샤오핑이 제창한 대외 전략이다. 거기서 나온 것이 4불 정책이다. 맞서지 말고, 적을 만들지 말고, 깃발을 올리지 말고, 선두에 서지 말라는 것이다. 한마디로 조용히 힘을 기른 후 세상을 평정하겠다는 것이다. 대표적 사건이 랴오

닝 항공모함 건조다. 소련연방이 해체되자 중국은 우크라이나에서 건조하다 중단된 항공모함을 사 온다. 전 세계가 이를 의심하자 중국은 연습용이라고 변명한다. 항공모함 건조를 위한 것이지만 절대 속내를 보이지 않았다. 근데 문제가 생긴다. 항공모함에 비행기를 탑재하려면 리니어모터 기술이 필요한데 이게 없는 것이다. 이 기술은 자기부상열차의 핵심 기술이기도 하다. 일본이 기술 전수를 거부하자 중국은 독일을 끌어들여 자기부상열차를 놓으면서 리니어모터 기술을 습득해 항공모함 건조에 성공한다.

개인적으로 과한 홍보와 광고를 좋아하지 않는다. 물건과 서비스가 탁월하면 홍보가 부실해도 올 사람은 온다고 생각한다. 당연히 실력을 갖추고 고객이 좋아할 만한 걸 만드는 게 우선이라고 생각한다. 일단은 빛나는 자신을 만들어야 한다. 다음에는 그 빛을 감추어야 한다. 대부분 사람은 반대로 한다. 빛이 나지 않는데도 불구하고 자꾸 자신이 빛나는 사람이라고 떠들고 다닌다.

도모

생산적으로 생각하는 방법 중 하나가 아이디어를 종이에 쓰거나 그림을 그리는 것이다. 냅킨에 그린 그림 하나로 몇억을 번 사람 얘기를 들은 적이 있다. 나 역시 뭔가 생각을 정리할 때 도표를 그리는 버릇이 있다. 막연히 머릿속으로 생각하는 것과 그걸 그림으로 그리는 것은 차이가 있다. 훨씬 명료해지고 때론 생각지 못한 생각이 나기도 한다. 도모圖謀가 그런 단어 아닐까 생각한다. 그림 도圖, 꾀할

모$_謀$다. 먼저 그림을 그리고 그다음 생각하는 것이 도모다.

도태

도태$_淘汰$는 씻을 도$_淘$, 추릴 태$_汰$다. 씻어서 추린다는 뜻이다. 곡식을 조리로 이는 모습에서 나온 말이다. 예전에는 쌀에 돌이 많아 어머니들은 밥을 지을 때마다 조리로 쌀에 섞인 돌을 걸러냈다. 만약 돌을 놓쳐 밥에 들어가면 아버지가 화를 냈다. 사금 채취를 연상할 수도 있다. 도태의 핵심은 무게다. 무거운 건 가라앉고 무겁지 않은 건 다 흘러간다. 종자$_種子$할 때의 종$_種$은 벼 화$_禾$ + 무거울 중$_重$이다. 씨앗 중 무거운 씨앗이 좋은 씨앗이란 뜻이다.

도쿄 구상

오늘날의 삼성을 만든 이병철 회장은 연말에 도쿄에 머물면서 신사업을 구상했다고 한다. 반도체 사업 진출도 그 결과물이라고 들었다. 근데 구상하는 순서가 흥미롭다.

가장 먼저 하는 일은 지난 1년간 일본에서 일어난 변화를 공부한다. 비서실에서 미리 준비해둔 화제가 되었던 사건이나 이슈, 특집 기사, 시리즈물 등을 꼼꼼하게 살피는 것이다. 그러다 좀 더 관심을 가질 만한 게 나타나면 다음 단계로 넘어간다. 예를 들어 반도체가 뜨고 있다고 하면 우선 신문사의 경제부 기자들과 식사자리를 마련한다. 가장 촉이 발달한 사람들이기 때문이다. 그들에게 반도체에 대해 이것저것 묻는 것이다. 아웃라인을 대충 점검하기 가장 좋은 대상이다. 그들의 지식은 넓지만 깊이가 얕다.

둘째, 반도체 교수들을 불러 그들의 얘기를 듣는다. 교수는 기자보다는 전문성이 있기 때문에 깊이가 깊다. 그들로부터 좀더 상세한 얘기를 듣는 것이다.

셋째, 실제 반도체 사업을 하는 기업인들과 만난다. 그들은 실제 그 사업을 하기 때문에 좀더 생생한 얘기를 들을 수 있다. 반도체 사업의 특성, 장점과 단점, 그 사업이 가진 리스크 등에 대한 얘기를 들을 수 있다. 미래의 쌀이고 타이밍에 맞는 투자가 핵심이라는 사실도 알게 된다.

마지막으로 서점에 가서 반도체 관련 책을 몽땅 구입해 비서실로 보낸다. 직원들로 하여금 반도체에 대해 공부하게 하고 언제까지 반도체 사업진출에 대한 보고를 하라고 지시한다. 한국에 돌아온 후 똑똑한 비서실 직원의 보고를 들으면서 이 사업에 대한 진출여부를 결정한다.

반도체 사업을 이런 과정을 거쳐 결정했다고 한다. 진위 여부를 떠나 참 합리적인 의사결정 과정이란 생각을 했다.

독서와 유튜브 중 어느 걸 먼저 해야 할까

유튜브는 매운탕이고 독서는 지리다. 개인적으로 맑은 지리보다 맵고 화끈한 매운탕을 좋아한다. 둘 다 나름 맛이 있다. 근데 매운탕에 길들여진 사람은 지리를 먹지 않는다. 센 간에 익숙해지면 밍밍한 음식은 성에 차지 않기 때문이다. 그런 면에서 독서를 하고 보충

제로 유튜브를 보는 걸 권한다. 항상 처음은 작은 걸로 시작해야 한다. 간이 심심한 음식을 먼저 먹어야 한다.

동시에 해야 할 것

제조업에서 개발기간 단축은 절체절명의 과제다. 엄청난 개발비 때문에 일정을 몇 달만 줄여도 큰 이익이 되기 때문이다. 관련해 온갖 아이디어가 나오는데 그중 하나가 바로 동시개발Concurrent Engineering이다. 개발할 때부터 미리 시험부서, 마케팅, 영업이 참여해 일의 진행 상황을 알고 피드백해서 일정을 줄이는 것이다. 순차적으로 하는 것보다 동시에 하는 것이 효용이 많다는 것이다. 이런 일은 이미 보편화되어 있다.

모든 일에는 순서가 존재하지만 동시에 일어나는 일도 있다. 연꽃이 그러하다. 연꽃은 화과동시花果同時다. 꽃이 핌과 동시에 열매가 그 속에 자리를 잡는데 이게 연밥이다. 꽃은 열매를 위한 수단인 동시에 열매의 원인이다. 깨달음을 얻은 후 이를 바탕으로 이웃을 구제하는 게 아니라 지금 살면서 이웃에게 덕과 자비를 베푸는 것이 바로 깨달음의 삶이란 말이다. 인이 과인 동시에 과가 인인 것이다.

듣기가 우선이다

일본어를 한창 배울 때의 일이다. 일본 출장 중 실제 말을 하고 싶어 신칸센 창구에서 일본말로 표를 주문했다. 나를 일본인으로 착각한 매표원이 유창한 일본어로 뭔가를 빠른 속도로 얘기했다. 순간 머리가 하얗게 되었고 당황한 난 바로 영어로 전환해 위기를 모면했다. 그 순간 읽고 말을 해도 알아듣지 못하면 커뮤니케이션이 이루어질 수 없다는 사실을 깨달았다.

어떻게 말을 배워야 할까? 언어를 배울 때 가장 효과적인 방법은 뭘까? 뭐가 가장 먼저일까? 난 듣기가 건저라고 생각한다. 우선 귀가 열려야 한다. 들을 수 있으면 말을 할 수 있다. 아기들이 그렇게 한다. 아기들은 처음에는 옹알이 외에는 거의 말을 못한다. 오로지 듣기만 한다. 그러다 어느 순간 조금씩 입이 열린다. 엄마 아빠부터 시작해 차츰 다양한 말을 한다.

근데 현재 우리의 외국어 교육은 어떤가? 뭘 가장 먼저 배운다고 생각하는가? 우선 쓴다. 알파벳으로 ABC를 열심히 쓴다. 그다음 말을 한다. 이후 듣는다. 요즘은 좀 달라졌지만 내가 처음 영어를 배웠던 당시는 그런 순서로 배웠다. 잘못되어도 한참 잘못되었다. 순서를 바꿔야 한다. 북유럽에 가서 놀란 점 중 하나는 꽤 많은 사람이 영어에 익숙한 것이다. 난 어원이 같아서 그런 걸로 생각했는데 그것도 이유 중 하나지만 또 다른 이유는 더빙이 없기 때문이란다. 북유럽은 인구가 적어 더빙을 해서는 채산성이 맞지 않는다고 한다. 대부분 자막으로 처리하기 때문에 자연스럽게 어린 시절부터 영어가 귀에 익숙하다는 것이다.

말을 빨리 배우는 최선의 방법은 그 말을 자주 듣는 것이다. 외국에서 살면 그 나라 말이 빨리 느는 이유다. 아기들도 그렇다. 빨리 말을 배운 아이들의 공통점 중 하나는 아이에게 말을 건네는 사람이 많다는 것이다. 손자 주원이는 말이 느려 다들 걱정했다. 그러다 온 가족이 4일간 일본여행을 가서 갑자기 대폭발을 했다. 그만큼 주원이에게 말을 집중적으로 거니까 자신도 모르게 그렇게 된 것이다.

디깅의 순서

"내게는 좋아하는 것을 '디깅'하는 나만의 순서가 있다. 예를 들어 자전거를 하나 사고 싶으면 오랜 시간 자전거의 세계를 탐험한다. 첫 시작은 가장 비싼 자전거, 하이엔드 브랜드를 알아본다. 그리고 전문가용과 보급형으로 시장을 구분해서 찾아보고, 단계를 내려가며 마음에 드는 자전거를 집요하게 찾는다. 마지막으로는 자전거 커뮤니티의 댓글을 살펴본다. 또 그 분야의 잡지를 찾아서 광고까지 빠짐없이 본다."

조수용의 저서 『일의 감각』에 나온 내용이다.

디저트부터 먹기

늘 입맛과 건강 사이에서 갈등한다. 먹고 싶은 건 많고 입에 당기는 것도 많은데 마구 먹으면 몸이 감당을 못하는 걸 너무 잘 알기 때문이다. 또 음식의 유혹을 이기는 건 미인의 유혹을 이기는 것보다 힘들다. 그래서 늘 어떻게 하면 적게 먹을 수 있을까 고민했다. 몇 가지 방법을 찾았다. 첫째, 용기 사이즈를 줄이는 것이다. 와인의 경우는 잔의 사이즈를 줄여 재미를 봤다. 큰 용기보다는 작은 용기로 먹거나 마시면 적게 먹으면서 만족감을 느낄 수 있다. 둘째, 아침

점심 저녁의 비중을 달리하는 것이다. 예전에는 아침은 건너뛰고 저녁을 많이 먹었는데 지금은 반대다. 아침 점심은 잘 먹고 저녁을 부실하게 먹는다. 그리고 일찍 잔다. 이것도 도움이 되었다.

셋째, 이시형 박사의 조언대로 천천히 먹고 먹는 순서를 바꾸는 것이다. 예전에는 밥을 다 먹은 후 입가심으로 과일과 디저트를 먹었다. 그러면서 늘 이런 말을 했다. "배 부른 줄 알았는데 디저트 들어갈 공간은 따로 있네." 그렇게 먹으니 당연히 똥배가 나왔다. 요즘은 가능하면 디저트부터 먹는다. 과일부터 먹으면 시장기가 확 줄어든다. 당연히 탄수화물을 적게 먹는다. 게다가 천천히 먹으면 포만감이 일찍 느껴져 과식을 하지 않게 된다.

살 찌는 게 두려운가? 순서를 바꾸고 천천히 먹어라. 사소한 것 같지만 의외로 효과가 좋다.

4
□

마음을 고쳐야 몸을 고친다

"엄지 발톱이 안으로 파고드는 사람이 있어요. 근데 엄지발가락은 뇌와 관련이 있어 두통을 유발합니다. 한번은 한쪽 엄지 발톱이 그런 고객이 왔어요. 제가 혹시 편두통이 있지 않느냐고 물어보자 깜짝 놀라는 거예요. 어떻게 알았냐는 것이지요." 엄지발톱 문제가 뇌에 영향을 준다는 증거다. 난 이 얘기를 듣고 몸과 뇌가 이렇게 연결될 수 있다는 사실에 놀랐다. 반대 경우도 있다. 『통증혁명』이란 책에서 본 내용이다.

"허리나 목에 극심한 통증이 있어 병원에 갔는데 이유를 알 수 없는 경우가 종종 있다. 많은 경우 분노를 억제했기 때문이다. 억압된 분노가 근육의 통증을 유발한 것이다. 이를 긴장성 근육통 증후군 ᵀᴹˢ, Tension Myositis Syndrome이라고 부른다. 두의식은 반사회적 수감자들을 가두고 있는 교도소와 같다. 수감자들은 철통 같은 감시를 받지만 이들은 언제든 탈출을 꿈꾼다. 분노나 불안의 감정은 반사회적 수감자들과 같다. 인간은 부정적 감정을 억압하는데 억압된 감정이 몸을 통해 표출되는 것이 통증이다. 훌륭한 위장술이다. 통증은 대부분 감정과 관련이 있다." 한마디로 불쾌한 감정을 피하기 위해 통증을 만들어 주의를 엉뚱한 곳으로 돌린다는 것이다.

몸이 먼저일까, 마음이 먼저일까? 순서를 따지긴 어렵지만 서로가 서로에게 영향을 주는 건 확실하다. 마음고생을 많이 하면 언젠가 몸에 문제를 일으키고 몸에 문제가 생기면 이 역시 마음에 영향을 준다. 그렇기 때문에 어딘가 문제가 생겼을 때는 전체를 보아야 한다. 몸과 마음을 동시에 살펴야 한다. 난 이 말을 듣고 "욕치기질欲治其疾이면 선치기심先治其心"이란 말이 생각났다. 병을 고치려면 우선 마음을 고치라는 얘기다. 의료 현장에서는 수많은 기적이 일어난다. 그 같은 기적은 대부분 마음으로 믿을 때 일어난다. 의사도 그렇고 환자도 그렇다.

모든 것은 심보에서 나온다. 사기를 당하는 사람은 사실 욕심이 있기 때문에 사기를 당한다. 욕심을 버려야 한다. 그래야 자기의 참모습을 볼 수 있다. "욕심에 가려져 있는 모습은 먼지가 덮여 있는 구슬과 같습니다. 먼지는 아무리 덮여 있어도 구슬은 변함없으니 먼지만 닦아내면 본래 깨끗하고 아름다운 구슬은 천추 만고에 아름답게 빛이 납니다." 성철 스님의 말씀이다.

마인드 컨트롤보다 먼저 할 일

마인드 컨트롤은 마음을 통제해 뭔가를 한다는 말이다. 오랫동안 들었고 지금도 많은 사람이 유용하다고 생각하는 것 같다. 근데 난 이 말을 들을 때마다 의구심이 생긴다. 마음을 움직일 수 있을까? 어떻게 움직이지? 내게 그런 경험이 있나? 잘 생각나지 않는다. 그 럴듯하지만 뭔가 아닌 것 같은 생각이 든다. 난 마음 대신 차라리 몸을 통제하는 걸 권한다. 세상에서 가장 정직한 건 몸이다. 몸은 거짓말을 하지 않는다. 며칠 과하게 식사를 하면 여지없이 몸무게가 늘고 몸이 무겁고 처진다. 반대로 며칠 가볍게 식사하고 운동하면 몸이 날아갈 듯 가볍다. 몸은 거짓말을 안 하지만 머리는 거짓말을 한다. 좋아하는 사람을 만나면 몸이 먼저 반응을 한다. 설레고 그 사람 쪽으로 몸이 간다.

몸이 먼저고 마음은 그다음이다. 몸은 지배할 수 있지만 마음을 지배하기는 어렵다. 아무리 공부를 하고 싶어도 피곤하면 공부할 수 없다. 책상에 앉아 있지만 몰입하기 어렵다. 내가 생각하는 피로의 정의는 '머리에서 내린 명령을 몸이 수행하지 않는 것'이다. 물론 마인드 컨트롤이 중요하다. 하지만 전제조건이 있다. 마인드 컨트롤은 몸이 따라줄 때 가능하다는 것이다. 몸이 피폐해지면 마음 역시 통제할 수 없다. 물론 나만의 생각이다.

만류

만류挽留는 당길 만挽, 머물 류留다. 당겨서 머물게 한다는 뜻이다.

당기게 하는 게 먼저고 머물게 하는 게 뒤다. 집에 가려는 사람을 붙잡고 더 놀다 가라고 종용하는 사람의 모습이 연상된다. 사실 요즘에는 만류하는 모습을 보는 게 쉽지 않다. 너무 쿨한 사람이 늘어서 아닐까? 만류하는 사람보다는 갈 사람 잡지 않고 올 사람 막지 않는 사람만 볼 수 있을 뿐이다.

말과 생각

헬스장에서 자주 만나는 젊은 여성이 있다. 작은 헬스장이라 옆에서 하는 얘기를 들을 수밖에 없다. 시작 전 코치는 늘 컨디션을 묻는데 그녀는 한 번도 긍정적인 답변을 한 적이 없다. "안 좋아요." 어깨도 안 좋고, 잠을 못 자 피곤하고, 여기도 안 좋고, 저기도 안 좋다고 한다. 보기엔 멀쩡해 보인다. 인물도 좋고 날씬하고 매력적인 여성이다. 한번은 코치에게 그녀의 어디가 안 좋은지 물어봤다. 답은 이랬다. "원래는 무릎이 안 좋아 왔는데 사실 별로 나쁘지 않아요. 운동을 하면서 많이 좋아져 꽤 괜찮은 편입니다. 다만 부정적으로 말하는 습관이 있는 게 문제예요. 남편에게도 늘 지적을 받나 봐요."

말이 먼저일까? 생각이 먼저일까? 부정적인 생각을 하면 부정적인 말이 나갈까? 아니면 부정적인 말을 하다 보면 생각까지 부정적이 될까? 난 말이 먼저라고 생각한다. 그래서 말을 조심해야 한다. 말이 현실이 될 가능성이 높기 때문이다. 그 생각을 한 이후 난 부정적인 말을 안 하려고 노력했고 지금도 그렇다. 피곤하다, 죽겠다, 짜증 난다, 쟤 때문에 못살겠다 같은 말은 거의 하지 않는다. 한 기억이 없다. 그러면서 내 삶과 행동이 바뀌는 걸 느낀다. 누구나 삶은 힘이 들고 짜증 나는 일이 있게 마련이다. 근데 그걸 말로 표현할 것인지, 아닌지는 내가 결정할 수 있다. 맡을 가려 해야 한다. 가능한 한 부정적인 말은 하지 않는 것이 좋다. 반대로 긍정적인 말을 하도록 노력해야 한다. 누군가 안부를 물을 때 여러분은 어떻게 답하는가? 난 자주 이렇게 말한다. "좋아요, 더 이상 좋을 수 없어요." 또는 "네버 베터Never better."를 자주 외친다. 늘 더 이상 좋을 수 없다는 생각으로 산다.

매매

매매賣買는 팔 매賣, 살 매買다. 둘이 비슷한데 팔 매에는 글자 위에 선비 사士 비슷한 게 있다. 난 이 한자를 외울 때 둘이 헷갈리는 걸 방지하기 위해 팔 게 있는 건 팔 매로, 팔 게 없는 건 살 매로 외웠다. 최근 한자 책을 보면서 내 해석이 틀렸다는 걸 발견했다. 최근 정태양의 『한자원리』라는 책을 보면서 내 해석이 틀렸다는 걸 발견했다. 그물 망网과 조개 패貝로 구성된 살 매는 그물질로 재물을 끌어들인다는 말이다. 내보낼 출出과 조개 패貝를 쓰는 팔 매는 재물을 내보낸다는 말이다.

근데 순서가 흥미롭다. 파는 게 먼저고 사는 게 나중이다. 왜 그럴까? 팔 게 있어야 그 돈으로 살 수도 있다는 의미로 난 해석한다. 인간은 누구나 무언가를 팔면서 생활한다 팔아야 할 게 있어야 한다는 뜻이다. 미모가 될 수도 있고 지식이 될 수도 있고 음식이 될 수도 있다. 팔 게 있으려면 노력해야 한다. 난 무엇을 팔고 있나? 비싼 값에 팔려면 무엇을 해야 할까? 당신은 무엇을 팔고 있는가? 지금 당신이 팔려고 하는 걸 사람들이 좋아하는가? 혹시 팔 건 없고 사고 싶은 욕망만 가득한 것 아닌가?

명실상부

명분과 실리는 무슨 일을 할 때 갈등하게 되는 두 요소다. 둘 다 중요하다. 어떤 일을 할 때는 명분이 필요하다. 내가 왜 그 일을 하는지에 대한 뚜렷한 의미 정도로 해석하면 된다. 하지만 그게 전부는 아니다. 아무리 명분이 좋아도 실제 그 일이 영양가가 있어야 한다. 실리가 있어야 한다. 그렇다면 무엇이 먼저일까? 명실상부名實相符란 말을 보자. 명실상부는 글자 그대로 명과 실이 딱 맞는다는 말이다. 이름과 실제가 딱 맞아 떨어지는 걸 나타낸다. 겉과 속이 정확하게 맞아 떨어지고, 브랜드에 맞는 품질, 명성과 실력, 포장과 내용물 등이 조화를 이루는 경우 이 표현을 쓴다.

근데 명이 앞이고 실이 뒤다. 명분이 앞이란 말이다. 보기 좋은 떡이 먹기도 좋다는 속담과 일맥상통한다. 그렇다면 이름은 그럴 듯한데 실제는 안 그런 걸 뭐라고 할까? 허명虛名이다. 가짜 이름, 가짜 브랜드, 짝퉁 정도로 생각하면 된다. 언론에 자주 등장하는 유명인 중 많다. 유명무실有名無實도 비슷하다. 이름은 그럴 듯한데 실제는 아니란 말이다.

모객이 먼저다

자영업자들의 어려운 얘기는 새롭지 않다. 경기가 조금만 어려워지면 자동으로 등장한다. 그런데도 꾸준히 자영업자들은 등장한다. 몇 달 간격으로 기존 점포가 사라지고 그 자리에 새로운 점포가 들어선다. 아마 그들 덕분에 인테리어 회사와 간판 장사는 잘될 것 같다. 근데 어떻게 저런 가게를 저런 장소에 세우는지 납득할 수 없는 경우가 너무 많다.

난 뚜렷한 차별점도 없는 카페나 고깃집을 유동인구도 별로 없는 곳에 세우려는 상인에게 진심으로 묻고 싶다. "무슨 자신감으로 이런 집을 이런 곳에 세우려 하나요? 고객이 이 집에 올 이유가 있을까요? 하루 몇 명이나 와야 손익분기점을 넘길 수 있다고 생각하시나요? 사업을 위한 사전조사나 준비는 얼마나 하셨습니까? 만약 사업이 안되면 어떻게 할 예정인가요?" 사업을 할 때 가장 중요한 게 무엇일까? 난 고객이 가장 중요하다고 생각한다. 고객이 먼저라고 생각한다. 고객이 있으면 점포가 없어도 장사를 할 수 있다. 하지만 고객이 없다면 넓고 호사스러운 점포를 차려도 아무도 오지 않을 것이다.

예전에 큰 교육회사에서 내게 임원을 위한 독서 모임을 제안한 적이 있다. 그들 고객사가 몇천 개 있는데 임원이나 대표를 대상으로 인문학 관련 독서 모임을 진행해주던 좋겠다는 것이다. 커리큘럼, 진행방식을 위해 미팅을 대여섯 번 했다. 근데 이상하게 신뢰가 가지 않았다. 사람을 모을 수 있을 것 같지 않았다. 아니나 다를까 시작 전 모객에 실패해 과정을 취소하겠다는 연락을 받았다. 처음 내 예감이 맞았던 것이다. '그럴 줄 알았으면 차라리 내가 모객을 할 걸 괜히 쓸데없이 시간을 낭비했다.'라는 생각이 들었다. 하지만 난 이 과정을 통해 고객의 중요성을 배웠다. 내가 가진 상품이나 서비스가 아무리 좋아도 고객이 응하지 않으면 아무 소용없다는 걸 배웠다.

고객과 관련해 가장 배울 게 많은 사람은 아마존을 만든 제프 베이조스다. 그는 고객 집착으로 유명하다. 가치가 높은 고객의 소중함을 제일 먼저 알아본 사람이다. 그는 자산이 많고 소득이 높은 사람과 사업을 하고 싶었다. 그래서 그들이 자주 구매하는 제품이 무엇인지를 고민했는데 그게 바로 책이다. 그는 돈도 많고 공부도 많이 한 고객 데이터를 모으기 위해 책을 팔았다. 당장 돈은 안 되지만 고급 고객 수백만 명과 돈독한 관계를 맺을 수 있는 매개체였기 때문이다. 처음에는 책을 팔지만 나중에는 훨씬 많은 것을 팔 수 있다고 생각했다. 그의 예상은 적중했다. 현재 연회비를 내는 아마존 프라임 회원의 평균 고객 생애 가치는 업계 평균보다 30배나 크다.

사업에서 가장 중요한 건 모객募客이다. 모객의 모는 모을 모다. 없을 막莫 + 힘 력力으로 구성된다. 힘이 없어질 때까지 하는 것이 모객이란 의미다. 나를 추종하고 애정하는 고객이 있는가? 얼마나 있는가? 내가 그들에게 가치를 줄 만한 상품이나 서비스가 있는가? 그럼 사업을 시작해도 된다.

모국어가 먼저다

어린아이들의 영어유치원이 대유행이다. 어릴수록 영어를 배워야 한다, 외국어는 재산이라는 생각을 갖고 있다. 하지만 다 때가 있어야 한다. 너무 늦어도 안 되지만 너무 빨라도 안 되는 법인데 결론부터 얘기하면 모국어를 먼저 확실하게 알고 나서 외국어에 도전하는 것이 유리하다는 것이다. 난 그런 것에 경험이 없는데 글사세를 했던 대기업 임원의 글을 읽고 그 내용에 공감해 그의 글을 조금 고쳐 그대로 옮긴다. 그는 중국 지사에 근무하면서 애를 키운 경험이 있고 지사원들의 자녀들을 보며 이 글을 썼다.

"10여 년 전 어느 날 후배로부터 전화를 받았다. 안부 인사가 채 끝나기도 전에 아이를 중국어 유치원에 보내는 것에 대해 어떻게 생각하느냐는 질문이 날아왔다. 답하기 전에 부모 의견은 어떠한지 물어봤다. 후배는 중국의 부상이나 중국 없이 살 수 없는 시대 등등 중국과 함께 연상되는 각종 관용어를 인용하며 중국어유치원 붐을 소개했다. 나는 6세 아이가 한국어는 잘하는지 물었고 중국어를 유치원 때부터 가르치는 것은 바람직하지 않다고 내 의견을 밝혔다. 그저 맞장구치면 충분했겠지만 내 생각을 솔직하게 밝힐 수밖에 없었다.

내가 중국에서 6개월 근무한 뒤 식구들이 중국으로 이주했다. 아이들 나이는 7세와 5세였다. 딸아이는 서울에서 초등학교에 입학해서 한 학기를 다녔고 아들은 유아원을 다니고 있었다. 이들이 베이징으로 오기 전 틈만 나면 살 집과 학교를 물색하느라 분주했다. 20

년 전 베이징은 지금처럼 복잡하고 정신없는 곳이 아니었다. 자금성, 60층 빌딩, 소달구지가 공존하면서 목가적인 분위기까지 풍기던 묘한 매력의 도시였다. 공항에서 시내로 들어오는 시가지 동북쪽은 외국 대사관과 외국 기업이 밀집해 있고 외국인 학교와 주택단지가 몰려 있었다. 주재원 선배들은 형편과 철학에 따라 미국 학교, 영국 학교, 중국 학교, 한국 학교 등으로 다양하게 자녀들을 진학시켰다. 나는 거기까지 가서 한국인들과 어울려 살기 싫고 일과 후 회사 사람들과 마주치는 것도 내키지 않았다. 그래서 한국인이 없는 공항 근처 빌라촌에 집을 정하고 인근 미국 학교에 아이들을 보내기로 했다.

당시 회사는 베이징에만 100명의 주재원이 득실댔다. 트윈타워 두어 층을 그대로 베이징에 옮겨 놓은 모습이었다. 대부분 주재원이 2~3명의 자녀가 있고 화학 등 계열사와 대사관 지인들까지 합하면 약 400~500명의 비슷한 환경에 있는 아이들을 관찰할 기회가 있었다. 그런데 6~8세 남자아이 중 말문을 닫는 경우가 자주 발생했다. 소아정신과에서 마주친다는 이야기가 자주 들렸다. 모국어를 온전하게 습득하지 못한 아이가 영어와 중국어에 동시에 노출되면서 일어나는 증상이라고 했다. 여자아이들은 그렇지 않았다. 우리 집도 비슷했다. 한국어도 잘 못하는 아이를 영어유치원에 보내고 중국인 보모가 돌보니 아이가 얼마나 혼란스러웠을지 미처 생각하지 못했다. 고민 후 아들을 한국 학교에 전학시키기로 했다. 하지만 이미 1년 가까이 흐른 뒤라 아이 입에서는 영어가 더 많이 튀어나오는 상태였다. 아이는 익숙해진 학교를 옮기려고 하지 않았다. 아이의 적응력을 믿고 주저앉았다.

사실 아이 처지에서 고민해보지 않고 어릴 때 영어를 가르칠 좋은 기회라고 생각했던 무식한 부모 결정 때문에 아이들이 입은 피해는 심각했다. 딸아이는 아들보다는 낫지만 둘 다 모국어가 완전하지 않은 상태에서 영어와 중국어에 동시 노출되면서 독서 습관과 독해력에 상당한 문제가 발생했다. 이웃 실어증 아이들을 보면서도 이 사실을 깨닫게 되었다. 주의가 산만했던 아들은 주의력결핍과잉행동장애ADHD 증상으로 한동안 병원에 다녔다. 어릴 적 언어로 인한 장애가 매우 중요한 요인이 되었을 거라는 진단을 받았다. 영어와 중국어 짬뽕 교육의 후유증은 귀국 후 중고교를 다닐 때 하나하나 발견되기 시작했다.

언어는 의사소통 수단 이전에 개념화 수단이다. 안정적인 모국어 환경은 개념 발달에 필수적이다. 특히 눈에 보이지 않는 형이상학적 개념과 단어의 경우 모국어로 정확하게 이해하지 않은 상태에서 외국어로 구사하는 건 불가능하다. 초등학교 때부터 외국으로 유학 가는 아이들의 경우에 10년 이상을 미국에서 살아도 구사할 수 있는 영어는 훌륭한 발음의 유아어일 뿐이다. 예컨대 '의식의 전환'이란 말을 한국어로 이해하지 못한 학생이 영어로 그 뜻을 어떻게 이해할 수 있겠는가."

그가 내린 외국어 교육에 관한 결론은 간단하다. 첫째, 모국어가 미숙한 취학기 이전 아이들에게 외국어 조기교육은 해가 될 때가 많다. 듣고 말하기에 유리할지는 몰라도 생각하고 말하는 내용의 깊이에 문제가 생기는 경우가 많다. 둘째, 한국어 교육에는 한자 교육이 필수다. 한자는 동양의 라틴어이기에 한국어, 중국어, 일본어로 쉽게 들어가는 비밀의 문이다. 정규 교육과정에서 빠져버린 탓에 단기적 필요성을 느끼기도 어렵고 꾸준히 가르치기도 어렵다. 형이상학적 개념과 언어 구사에 능숙한 깊이 있는 사고를 하는 지성인으로 키우고 싶다면 반드시 한자 교육을 해야 한다. 아무도 안 하는 것이기에 더 가치 있고 더 경쟁력 있다. 셋째, 모국어가 능숙해진 다음 영어를 우선해서 가르쳐야 한다. 영어가 완전해진 후 중국어를 배우면 200점이 된다.

몸이 먼저다

요가 동작인 아사나는 고통이다. 매일 육체를 고문하는 것과 같다. 고문의 결과는 상쾌함이다. 요가는 육체 수련부터 한다. 몸 공부다. 육체가 변해야 마음이 변한다. 선명후성先命後性이다. 여기서 명은 육체고 성은 마음이다. 몸이 먼저다. 화경 선생의 말이다. "먼저 육체를 단련하면 감각이 변화된다. 감각에 예민해진다. 감각이 변하면 감정이 변하고 다음은 호흡이 바뀐다. 호흡이 깊어지고 규칙적이 된다. 감정기복이 심한 사람은 호흡이 얕다. 자칫하면 심장마비가 온다. 안식일安息日의 안식은 숨이 편하다는 뜻이다. 호흡이 깊어진다는 의미다. 현대인은 숨이 편안하지 못하다. 감정이 요동친다. 숨이 편하려면 감정이 편해야 하고 감정은 감각과 연결된다." 결국 요가 동작을 통해 숨을 편안하게 하고 마음을 편안하게 하면 지성이 균형을 이루게 된다.

조용헌의 저서『조용헌의 도사열전』에는 다음과 같은 내용이 있다. "대만의 남회근은 기경팔맥이 통한다. 학문과 도력을 다 갖춘 쌍권총이다. 학문과 영발이 모두 있다. 도인은 한가하고 술인은 바쁘다. 도인은 한가하게 산다. 목표가 사라졌기 때문이다. 유유자적한다. 도사는 악어처럼 처신해야 한다. 악어는 물속에 있다. 자신은 눈을 내놓고 밖을 쳐다볼 수 있다. 그러나 외부에서는 악어를 보기 힘들다. 세상에 나가서 대중 앞에 노출될 대 가장 위험하다. 장량은 대권을 잡은 뒤 장가계로 튀었다. 돈과 명성이 올라가면 체력 소모가 심해진다. 만나자는 사람이 많아진다. 그중에는 자기 이익을 위해 복선을 깔고 오는 사람이 많다. 이 복선과 상대하는 것도 수명 감수에 해당한다.『설국』을 쓴 가와바타 야스나리가 노벨상을 받은 덕에 죽었다는 게 정설이다."

무너지는 순서

사람이 무너지는데도 순서가 있다. 일단 집 안을 치우지 않는다. 설거지할 것과 치워야 할 물건으로 온 집 안이 너저분하다. 다음은 몸을 씻지 않는다. 환경이 복잡하면 생각도 복잡하고 할 일을 하지 않고 자꾸 미루게 된다. 그러면서 조금씩 무너진다. 반대로 삶을 일으키려면 집 안부터 치워야 한다. 환기하고 버릴 걸 버리고 그때그때 정리정돈을 해야 한다. 관련해 글사서 멤버 중 한 사람이 쓴 글을 소개한다.

"친정 엄마는 정리가 덜 끝난 우리 집에 오실 때마다 말씀하신다. '정리는 모든 삶의 기본이다. 정리는 버릴지 말지 결정하는 연습이고 제자리에 놓는 습관은 루틴을 잡는 연습이다. 정리 잘하는 사람 치고 삶이 망가지는 사람을 본 적이 없다. 사소한 정리를 못하는 사람은 그게 누적되어 인생의 큰 결정도 못하고 결국 네 큰이모처럼 그렇게 삶이 무너지는 거다.'

친정 엄마의 바로 아래 여동생인 큰이모는 참 기구한 인생을 살았다. 엄마는 어렸을 때부터 큰이모가 정리하는 것을 보면 항상 맺고 끊음이 없는 성격이 드러난다고 했다. 큰이모의 굴곡진 인생은 아들을 꼭 낳아야 한다고 강요하는 시어머니로부터 시작했다. 시어머니 강요 탓에 6년마다 한 번씩 딸 셋을 낳았고 이모부의 보증으로 모든 돈을 날렸다. 첫째 딸과는 의절했고 둘째 딸은 22세에 백혈병으로 죽었다. 이제는 셋째 딸만 데리고 지방으로 떠났다. 둘째 딸이 죽고 3개월 뒤 엄마는 큰이모네로 갔다. 엉망진창인 그 집을 3일 동안 치워주고는 엄마는 큰 이모를 붙잡고 단단히 일렀다.

'박복한 팔자가 너를 이렇게 만든 게 아니라 네 스스로 박복한 팔자를 만들었다. 네 집을 봐라. 어디 정리가 된 데가 있니? 네 머릿속이 그런 거다. 뒤죽박죽 정리가 안 되어 있으니 머리가 늘 명쾌하지 않고 인생의 중요한 순간마다 잘못된 결정들이 쌓여서 지금 네 삶이 된 거다. 이제 하나 남은 막내딸이라도 지키려면 엄마라는 사명감으로 기를 쓰고 사소한 것부터 정리하는 습관을 들여야 한다.'"

무리, 무라, 무다

내가 자동차 회사에 근무할 때 도요타는 지구에 있는 회사가 아니었다. 천하의 도요타였고 도요타가 한다는 건 거의 하느님 말씀에 준했다. 나의 그러한 증세는 기후차체라는 도요타 계열사에서 2주간 도요타 생산방식 교육을 받은 후 더욱 심해졌다. 아직 난 도요타 철학을 존중하고 배우려고 하는데 그중 하나가 '3무'다. 낭비를 위해 없애야 할 것 세 가지를 지칭하는데 그게 '무리, 무다, 무라'다. 무리無理는 말 그대로 무리하지 말라는 것이다. 무다無駄는 낭비라는 말이다. 무라班는 고르지 못하다는 뜻이다. 편차 혹은 들쑥날쑥한 것이고 영어로는 '플럭추에이션Fluctuation'이다. 바쁠 때와 그렇지 않을 때의 편차가 큰 걸 말한다. 편차가 있어 균일하지 않다는 뜻이다.

근데 순서가 중요하다. 무라가 제일 먼저고 나머지는 무라의 결과물이다. 계절적 요인이 큰 사업의 하나인 세탁업을 보자. 계절이 바뀌는 시즌에는 많은 양의 세탁물이 들어온다. 당연히 바쁜 시기에 맞춰 대형 설비를 들여놓고 사람을 뽑는다. 그러다 바쁜 시즌이 지나면 설비도 놀고 사람도 논다. 무라로 인해 무리하고 무리의 결과로 무다가 생기는 것이다. 그렇다면 해결 방법은 무엇일까? 생산량을 가능하면 균일하게 해야 한다. 미리 고객 주문을 받고 거기에 대응하는 식으로 하면서 재고도 최소화하고 설비투자도 최소화해야한다. 함부로 사람도 뽑지 말아야 한다. 근데 대부분 어떻게 할까? 잘될 때를 기준으로 왕창 설비를 사고 사람도 뽑는다. 그러다 고객이 줄면서 장렬히 전사한다.

이것은 개인의 생산성에도 적용할 수 있다. 갑자기 일이 몰리는 업종과 고객 주문에 그때그때 응대하는 업종은 자주 밤새워 일한다. 그러면 그 후유증으로 며칠은 비몽사몽이다. 냉탕과 온탕을 반복한다. 바쁠 때는 바쁘지만 일이 없을 때가 더 많다. 최선은 무엇일까? 미리미리 준비하고 정해진 루틴대로 하는 것이다. 일을 더 할 수 있어도 절제하면서 일정하게 일하는 것이다. 무라카미 하루키가 대표적이다. 그는 아무리 글이 잘 써져도 하루 20매 이상은 절대 쓰지 않는다. 무리하는 걸 병적으로 싫어한다. 그가 일흔 넘어서까지 최고의 소설가로 활동하는 이유다. 무리, 무다, 무라 중 으뜸은 무라다.

무사안일

뭔가 일이 있는 게 좋은가, 아니면 일이 없는 게 좋은가? 편안한 게 좋은가, 아니면 불편한 게 좋은가? 무사안일無事安逸은 일이 없어 편안하다는 의미다. 참 좋은 의미다. 근데 무사안일은 좋은 의미로 쓰이지 않는다. 그렇게 살면 안 된다는 말로 자주 쓰인다. 무사안일하게 살지 말아라, 무사안일주의에 빠지지 말아라 등등. 왜 그럴까? 그럼 유사불편을 택하라는 말일까? 그건 아닐 것이다. 무사하고 일이 없는 건 단기적으로는 괜찮지만 그런 시간이 오래가면 사람이 안일해지니 그걸 조심하라는 말이다.

어떻게 하면 될까? 스스로 위기의식을 불러일으켜야 한다. 일이 닥친 후 허겁지겁 당황하는 대신 미리미리 비 오는 날을 대비해야 한다는 말이다. 이 말의 반대는 유비무환有備無患 아닐까? 미리 준비하면 환란이 없다는 말이다.

무사와 태평

"나는 분명 수영장에 있었는데 눈을 떠보니 아이들 둘이 나를 보며 울고 있고 나는 구급차 안에 누워 있었다. 다시 눈을 떠보니 병원 응급실 침대 위에 있었다. 응급실로 급하게 달려온 남편에게 궁금했던 말을 물어보았다. '어떻게 된 거야?' 어떻게 된 것일까? 나는 아무 기억이 없었다. 의사는 내게 '수영장에서 쓰러졌고 수영장 측에서 인공호흡 등 응급처치를 했습니다. 그리고 1분 30초 정도 심정지가 있었습니다.'라고 짧게 이야기해주었다. 의사의 무미건조한 말은 나를 당혹스럽게 만들었다.

황망한 정신을 수습하지 못하고 집어 돌아오니 집안이 초토화되어 있었다. 아이들의 기억이 가장 큰 문제였다. 사람들이 수영장에 쓰러져 있는 엄마를 물에서 건지고 인공호흡을 하던 모습을 기억하고 있었고 엄마의 새하얀 얼굴과 새파란 입술을 기억하고 있었다. 그것이 날카롭고 깊숙하게 각인이 되어 아이들을 할퀴고 아이들 일상 속으로 수시로 넘나들며 아이들을 공포에 질리게 했다.

이후 나는 아이들에게 남아 있는 새하얗고 새파란 기억을 없애기 위해 숱한 시간과 돈과 눈물을 뿌려야 했다. 시간이 약이었는지, 상담 치료가 약이었는지 아이들을 후벼 팠던 기억이 조금씩 사라지면서 내 행복의 기준들도 조금씩 낮아지기 시작했다. 사고 이전의 나는 무엇인가 소유하고, 무엇인가가 되어서 얻는 높은 수준의 성취만

이 행복이라 생각했다. '이미 가진 것 위에 더 얹는 것'을 행복이라 생각했다. 사고를 겪고 처리하면서 나는 일상에서 아무런 사건과 사고가 없는 평범한 날이 행복이라 여기게 되었다. 아이들이 악몽 없이 편안한 잠을 자는 날의 횟수가 늘어나면 늘어날수록 이미 가지고 있는 것에 관한 새삼스러운 감사가 밀려들었다. 행복에 대한 기준이 '존재 그 자체'에 대한 것으로 점점 더 내려갔다."

글사세에서 만난 어떤 엄마의 글이다. 난 이 글을 읽으면서 행복이란 무엇인가에 대한 생각을 다시 하게 되었다. 우리는 흔히 "별일 없으시죠?"란 인사말을 던진다. 대부분 아무 생각 없이 별일 없다는 말을 주고받는다. 근데 가끔 별일이 있었다고 말하는데 그 별일이란 대부분 좋은 일보다 좋지 않은 일인 경우가 많다. 그걸 보면 별일 없이 하루하루 잘 지낸다는 건 그 자체로 행복이다. 내가 생각하는 행복은 별일이 없는 것이다. 그런 면에서 무사태평無事太平이란 말은 그냥 나온 게 아니라 것 같다. 무사 덕분에 태평이 존재하기 때문이다. 무사하지 않으면 태평 또한 존재하지 않는다. 행복은 무엇이 있어야 얻을 수 있는 게 아니다. 이것이 있어야 행복한 게 아니라 이것이 없어도 행복한 것이다. 배가 불러 행복할 수도 있지만 공복 그 자체도 행복이 될 수 있다. 뭔 일이 있어야 행복한 게 아니라 아무 일이 없는 것 자체가 행복일 수 있다. 무사가 곧 태평이다.

문제 풀이 프로세스

여러분은 어떤 식으로 문제를 푸는가? 두 가지 옵션이 있다. 일단

답안을 보지 않고 혼자 문제에 대한 답을 궁리하는 것이다. 프로세스는 이렇다.

문제를 본다. 정확히 문제가 뭔지 파악한다. 혼자 눈을 감고 10분 동안 스스로 답안을 생각하고 생각나는 걸 그대로 적는다. 내가 적은 답과 제시된 답을 비교해본다. 중복되는 부분은 보지 않고 미처 생각하지 못했던 부분, 공부가 더 필요한 부분은 그때그때 공부한다. 아무리 해도 모르는 것은 공부 잘하는 친구에게 물어본다.

선 공부 후 문제 찾기다. 이후 공부하는 재미가 생겼다. 밤새는 줄 모르고 공부했다. 꿈속에서도 그런 식으로 공부했다. 이때 몰입을 경험한다. 이유도 모른 채 시험을 위해 무조건 공부한 후 문제를 해결하는 것과 이 문제를 어떻게 해결할까 먼저 고민한 후 필요한 정보를 수집하는 것 중 어느 쪽이 효과가 있을까? 볼 것도 없이 후자다.

민첩

예전에는 큰 조직이 작은 조직을 이겼는데 요즘은 빠른 조직이 느린 조직을 이긴다. 그만큼 기술의 변화, 시장 변화가 빠르기 때문이다. 그래서 애자일 조직에 관한 얘기가 차고 넘친다. 애자일Agile은 흔히 민첩敏捷이란 말로 번역한다. 시장 변화에 잽싸게 반응한다는 뜻이다. 근데 민첩이란 말이 흥미롭다. 빠를 민敏, 이길 첩捷이다. 단어 안에 이미 빨라야 이긴다는 의미가 숨어 있다.

밑천이 있어야 장사를 하지

젊은 시절을 비영리단체에서 10년간 일한 사람을 만났다. 나이 40인데 아직 장가를 못 갔다고 한다. 여러 가지로 준비가 되지 않았기 때문이다. 그는 너무 오랜 세월 이 일을 한 것을 후회하고 있었다. 아무것도 줄 것이 없는 자신이 누군가를 돕는다는 것 자체가 우스운 일이라며 순서가 잘못되었다는 것이다. 만약 젊은 시절로 돌아갈 수 있다면 우선 뭔가 밑천을 만들고 그 밑천을 갖고 이런 일을 하겠단다. 맞는 말이다. 누군가를 돕기 위해서는 자신이 뭔가를 가지고 있어야 한다. 돈이 되었건, 전문성이 되었건, 인맥이 되었건. 내가 행복해야 남을 행복하게 할 수 있다.

장사를 할 때도 가장 중요한 것은 밑천이다. 밑천이 있어야 그걸 바탕으로 장사를 할 수 있다. 젊은 시절은 밑천을 장만하는 시기이다. 지식의 밑천, 관계의 밑천, 자본의 밑천, 일하는 방식의 밑천 등등. 당신은 현재 어떤 밑천을 갖고 있는가? 어떤 밑천을 갖기 위해 애를 쓰는가? 혹시 밑천이 없으면서 장사를 하려고 하는 건 아닌가?

5

ㅂ

발견이 먼저다

지인 중 한 사람은 정기검진에서 대장암을 발견하고 바로 수술을 받아 깨끗이 완치 판정을 받았다. 초기암이라 쉽게 제거할 수 있었던 것이다. 만약 정기검진을 받지 않고 암을 방치했다면 어땠을까? 본인이 뭔가 문제를 인식했을 때는 늦은 경우가 많다. 관련해 마키아벨리의 얘기를 소개한다.

"질병 초기에는 치료는 쉽지만 진단은 어렵다. 시간이 흐르면 진단은 쉬워지지만 치료하기는 어렵다. 인식하지 못하면 사태는 악화된다. 이윽고 모든 사람이 다 알아차릴 때가 되면 어떤 해결책도 소용없다."

뭐든 발견이 먼저다. 초기에 발견할수록 고칠 확률은 높아진다.

발언 순서

팀원들이 회의에 적극적으로 참여하고 자기 의견을 자유롭게 제시하려면 누구부터 말하는 게 좋을까? A 과장과 B 부장 중 누가 먼저 말해야 할까? B 부장보다 A 과장 의견을 먼저 물어야 한다. 직급이 높은 사람보다 낮은 사람 의견을 먼저 들어야 한다. 상사와 다른 의견을 내기는 부담스럽다. 위계질서가 강한 조직은 더욱 그렇다. 팀장은 팀원들 각각의 고유한 생각을 들어야 한다. 윗사람 눈치 보며 상사 의견을 그대로 따라 말한다면 회의할 이유가 없다. 상의하달식 토론이나 회의는 그 자체로 최악이다. 팀원은 모두 다른데 이를 판별하는 방법이 있다. 팀원 한 명 한 명의 특성을 보는 것이다. 개개인의 특성을 파악하고 개별적으로 접근하면 요즘 애들 탓하며 속 끓이는 거보다 구체적인 방안이 떠오른다. 팀원의 특성, 즉 강점, 보완할 점, 주변 동료의 평판, 본인의 관찰 사항을 적어서 일대일 소통에 활용한다. 『팀이 일하게 하라』는 책에 나온 내용이다.

자동차 회사는 신차 개발을 위한 디자인 확정이 중요한 의사결정이다. 최종 의사결정권자인 회장의 의견이 가장 중요한데 예전 회사 회장님은 자기주장이 강했다. 본인 직관에 지나치게 의지하는 스타일이다. 자기 생각이 틀린 적이 없다는 근거 없는 낙관주의자다. 가장 먼저 책임자 얘기를 들으면 좋을 텐데 다짜고짜 자기 생각을 필터 없이 털어놓는다. 이 모델은 이래서 좋고 저 모델은 저래서 별로라는 식으로 자기 얘기를 쏟아낸다. 책임자는 난감하다. 나름 모델별로 장점과 단점, 밀고 있는 모델, 선정하면 위험한 모델이 있는데 회장의 근거 없는 발언으로 모든 것이 엉망이 되기 때문이다. 그렇다고 대놓고 본인 생각을 얘기할 분위기는 아니다. 당연히 첫 단추가 잘못 끼워지고 개발 과정에서 비용도 많이 들고 일정도 지연되는 경우가 많다. 그때 만일 내가 회장이라면 난 절대 내 의견을 먼저 얘기하지 않겠다고 생각했다. 책임자와 관련자 얘기를 다 들은 후 내 생각을 말해도 늦지 않기 때문이다. 또 높은 사람의 의견은 단순한 의견이 아니기 때문이다. 그건 지시의 다른 형태일 뿐이다.

수다를 떨 때는 순서 따위는 중요하지 않다. 예능 프로처럼 되는 대로 얘기하면 된다. 하지만 정치적 사안이나 사업적으로 임팩트가 큰 의사결정은 순서가 중요하다. 이때는 현장을 잘 알고 실무에 밝지만 직급이 낮은 실무자 얘기를 가장 먼저 들어야 한다. 자기 의견이 있더라도 상사는 가능하면 자기 얘기를 나중에 하는 것이 좋다. 그래야 품질 좋은 결정을 할 수 있다. 발언에도 다 순서가 있는 법이다.

발췌

발췌拔萃는 뽑을 발拔, 모을 췌萃다. 모은 후 뽑는 게 아니라 먼저 뽑고 다음에 모은다는 말이다. 발췌의 영어는 엑스트랙트Extract인데 모은다는 뜻은 없고 뽑는다는 의미만 있다. 근데 뭘 뽑고 뭘 뽑지 말아야 할까? 핵심을 뽑을 수 있어야 한다. 가장 액기스가 되는 것만 뽑고 나머지는 버릴 수 있어야 한다. 근데 그게 보통 일이 아니다. 20년 이상 책 소개를 직업으로 하는 난 무의식적으로 발췌한다. 어떤 걸 뽑아야 하는지를 가장 신경 쓴다. 나머지는 대충 본다. 뽑

은 걸 모으고 순서대로 정렬하고 다듬어 요약한다. 난 발췌란 말이
참 좋다.

배우고 설명하고 써먹어라

배우는 것은 좋은 일이다. 근데 배우는 것에 만족하는 것보다는
배운 걸 써먹을 수 있고 뭔가 가치를 올릴 수 있으면 더 좋다. 배우
는 행위 자체에 만족하고 당장의 호기심을 충족시키는 방식으로 학
습해서는 배운 것을 오래 기억할 수 없다. 업무에 활용할 수도 없다.
그럼 어떻게 해야 할까? 가장 먼저 내가 무엇을 위해 이것을 배우는
지 목적을 명확히 해야 한다. 그냥 순수하게 공부하는 것도 가치가
있지만 목적을 갖고 공부하면 효과성을 높일 수 있다.

다음은 배운 걸 설명할 수 있어야 한다. 설명할 수 없다는 건 엄
밀한 의미에서 제대로 배운 게 아니라는 것이다. 설명하기 위해서는
요약할 수 있어야 한다. 핵심과 본질을 파악해 한두 문장으로 정리
할 수 있어야 한다. 요약할 수 없으면 설명할 수 없다. 설명하는 걸
보면 그 사람이 제대로 아는지 모르는지 알 수 있다. 그 방면에서는
스티브 잡스가 일정 경지에 올랐다. 그는 신제품 출시 때마다 멋진
프레젠테이션으로 세계인의 눈과 귀를 사로잡았다. 설명 능력 덕분
에 오늘날의 애플이 된 것이다. 설명을 잘한다는 것은 남을 이해시
키는 능력이 뛰어나다는 것이고 곧 내가 원하는 방향으로 구성원을
이끌어갈 수 있음을 뜻한다. 어떻게 설명 능력을 키울 수 있을까?
상대 질문에 답하는 방식으로 지식을 정리하는 것이다. 『한 줄 정리

의 힘』이란 책에 나오는 내용이다.

이 대목을 보면서 '안다는 것이란 무엇일까?'란 질문이 떠올랐다. 보통 사람들은 읽어본 것, 들어본 것, 경험한 걸 안다고 생각한다. 난 동의하지 않는다. 내가 생각하는 안다는 건 두 가지다. 하나는 자신이 알고 있는 걸 말과 글을 통해 설명할 수 있는 것이다. 설명하지 못하는 것, 글로 표현하지 못하는 것은 엄밀한 의미의 아는 게 아니다. 또 다른 하나는 효용성이다. 배움의 종착역은 사용이고 활용이고 써먹는 것이다. 머릿속에만 잔뜩 있는 지식이 무슨 소용이 있는가? 그렇기 때문에 배울 때부터 아웃풋을 전제로 공부하면 공부의 효과를 높일 수 있다.

인공지능의 등장으로 기존 지식의 유통기간이 급속히 짧아지고 있는데 이럴수록 배움의 사이클을 점검하는 것이 필요하다. 기존의 지식을 빨리 잊고 새롭게 배우고 익히고 써먹을 수 있어야 한다. 그럼 살아남고 그렇지 못하면 생존이 어려워질 것이다.

배우는 순서

살기 위해 일하는가, 일하기 위해 사는가? 먹기 위해 사는가, 살기 위해 먹는가? 중요한 질문이지만 선뜻 답하기 어렵다. 세상에는 그런 일이 지천이다. 운동도 그렇다. 왜 운동을 할까? 건강을 위해, 살을 빼기 위해, 멋진 몸매를 갖기 위해 등등. 100세를 넘긴 김형석 교수의 답은 일하기 위해 운동을 한다는 것이다. 그에게는 일이 최우선이다. 순서는 곧 가치관이다. 내가 가장 높은 가치를 두는 것이 목적이고 뒤에 나오는 건 목적을 달성하기 위한 수단이다. 독서도 그렇고 공부도 그렇다. 왜 독서를 할까? 독서 자체가 목적인 사람도 있지만 내게 독서는 목적이 아니라 수단이다. 잘 살고 싶은데 책의 도움을 받고 싶어서 읽는다. 일도 그렇다. 먹고살기 위해 일을 할 수도 있지만 지금의 나는 다르다. 예전에는 먹고살기 위해 일했지만 지금은 일 자체에 가치를 둔다. 먹고사는 일과 관련 없고 그냥 좋아서 일을 한다. 난 내가 하는 일을 진정으로 좋아한다. 이처럼 모든 건 세월에 따라 목적이 달라지는 것 같다.

잘 모르는 사람일수록 남에게 뭔가를 가르쳐주기 위해 애쓴다. 프로골퍼는 남에게 함부로 가르쳐주지 않지만 골프 입문한 지 얼마 안 된 사람일수록 남에게 이래라저래라 하는 걸 볼 때 그 생각이 든다. 자신의 리더십도 별로인 사람이 리더십에 대한 얘기를 많이 하는 것도 비슷한 경우다. 내가 먼저 깨닫고 이후 남을 깨닫게 하고 이를 실행하는 것은 너무 당연해서 오히려 당연하게 생각되지 않는 순서다.

백수건달

우리 아파트에 멀쩡하게 생겼는데 일하지 않는 게 분명한 젊은이가 산다. 어떻게 아느냐고? 하루에도 수십 번은 담배를 피우러 엘리베이터를 타기 때문이다. 늘 슬리퍼에 추리닝 차림인데 담배 냄새에 쩔어 있다. 자신감이 없고 눈에 초점이 없다. 자발적 실업자인지, 아니면 부모에게 의지해 사는지 자초지종은 모르지만 늘 안되었다는 생각이 든다. 그를 보면 백수건달이란 말이 연상된다. 백수 생활을 오래 하면 건달이 된다는 말이다.

평생 한 번도 제대로 된 직업을 가진 적이 없는 사람이 있다. 뭔가 하긴 했지만 오래가지 않는다. 하다 말다를 반복한다. 이 회사에 들어갔나 싶으면 어느새 그만두고 이 일을 하나 싶으면 또 다른 일을 한다. 찔끔찔끔 뭔가 하기는 했지만 꾸준히 한 적이 없다. 부잣집 자식이라 돈에 구애를 받지 않은 경우도 있고 배우자가 잘나가기 때문에 절실함이 부족한 경우도 있다. 이를 보면 사람은 할 일이 있어야 한다. 일이 나를 힘들게 하긴 하지만 그 일이 나를 구원하는 존재일 수도 있다는 생각이다.

백캐스팅

백캐스팅은 거꾸로 일하는 걸 의미한다. 백캐스팅 덕분에 인간은 최초의 문샷을 실현했다. 미국 항공우주국NASA은 인간이 달에 발 디디는 것을 기정사실로 하고 그렇게 하려면 어떤 단계가 필요할지 거꾸로 되짚어 나갔다. 아마존도 자기 제품에 대해 미래에서 과거를 돌아보는 유사한 관점을 취한다. 아마존의 직원들은 아직 존재하지 않는 제품에 대해 보도자료를 작성한다. 그 보도자료에는 고객이 자주 물을 것으로 예상되는 질문 목록이 장장 6쪽이나 첨부되어 있다. 이 연습은 전문가 팀도 모두 비전문가의 관점으로 제품을 보도록 압박한다.

결국 전문가들은 해당 제품이 생산되고 출시되기 전에 '멍청한'

질문을 한 후 현명한 답을 마련해야 한다. 아마존은 이런 백캐스팅을 통해 어떤 아이디어가 과연 추구할 가치가 있을지를 적은 비용으로 평가할 수 있었다. 『문샷』이란 책의 내용이다.

버리는 순서

정리와 정돈은 다르다. 정리는 버리는 것이고 정돈은 버린 후 찾기 쉽게 재정리하는 것이다. 여기서는 순서가 중요하다. 정리가 먼저고 다음이 정돈이다. 정리되지 않으면 정돈은 의미가 없다. 버리는 게 먼저고 그 이후 배치를 다시 해야 한다. 근데 버리는 게 쉽지 않다. 물건을 볼 때마다 수많은 생각이 떠오르기 때문이다. 물건에 관한 추억이 있는 경우도 있고 다시 쓸 수 있겠다는 생각도 들고 나 아니라 다른 사람에게 필요할 수도 있다고 간주하는 경우도 있다. 간혹 그런 경우가 있긴 하지만 대부분 다시는 찾지 않는다.

내 경우 가장 큰 건 책이다. 수많은 책을 사고 누군가 보내오고 하는데 읽은 책도 있고 읽지 않은 책도 있다. 정리의 가장 큰 적은 언젠가 읽을 수도 있겠다는 생각이다. 근데 그렇지 않다. 지금 읽지 않은 책은 세월이 지나도 읽지 않는다. 왜 그럴까? 한가한 시간이 생기지도 않고 그때 읽지 않았던 책을 시간이 지났다고 읽게 되지는 않기 때문이다. 한가한 시간이 생기면 또 다른 신간이 나를 기다린다. 그래서 요즘은 과감하게 책을 버린다. 잔인하게 버린다. 한 번도 읽지 않은 비싼 책도 미련 없이 버린다. 내가 안 읽은 책을 자식들이 읽을 리는 없다고 애써 다짐한다. 그래도 계속 쌓인다.

근데 어떤 순서로 버려야 할까? 버리는 데도 순서가 있다. 정답은 없지만 정리 컨설턴트 곤도 마리에의 조언이 도움이 된다. 첫째, 부피가 큰 것을 버린다. 다음은 책이나 서류를 버린다. 그다음 버릴 건 잡동사니이고 마지막은 추억의 물건이다. 잘 버리는 건 능력이다. 아무나 할 수 있는 일이 아니다. 고스톱에서도 버리는 순서가 있다. 비풍초똥팔삼이다. 우선순위가 무언지 알아야 잘 버릴 수 있다. 간디는 집착을 버리고 권력을 버리고 기득권의 특권을 버리라고 했다. 그런 것에 집착한다면 리더로서 높은 도덕 수준을 유지할 수 없기 때문이다.

"버려야 할 것이 무엇인지 아는 순간부터 나무는 가장 아름답게 불탄다." 도종환의 「단풍 드는 날」의 일부다. 난 무엇을 버려야 할까?

부국강병

일본은 진주만 폭격으로 기선을 제압했지만 결국 미국에 패하고 말았다. 왜 그럴까? 가장 큰 건 경제력이다. 경제가 뒷받침되지 않은 것이 가장 큰 이유다. 강병은 있었지만 부국이 아닌 것이 원인이다. 그렇다면 부국과 강병 중 어느 것이 앞일까? 당연히 부국이 앞이다. 돈이 있어야 그 돈으로 강병을 만들어 국가를 지킬 수 있다. 부국이 먼저고 강병은 그다음이다. 강병이 없으면 부국도 지킬 수 없다.

대표적 사례가 17세기 네덜란드다. 당시 네덜란드와 영국은 식민지를 두고 경쟁 중이었다. 앞선 건 네덜란드였다. 네덜란드 동인도회사는 1619년 인도네시아 자카르타를 거점으로 스페인과 포르투

갈을 몰아내고 해상무역권을 장악했다. 특히 향신료제도로 알려진 말루쿠제도(인도네시아 술라웨시 섬과 뉴기니 섬 사이의 섬들)를 장악해 향신료 무역을 독점하고 있었다. 한발 늦은 영국은 암본섬을 거점으로 야금야금 네덜란드와 대립하고 있었다. 그러다 1623년 네덜란드가 이곳을 공격해 주둔 중인 영국 상관 사람 전원을 살해했다. 근데 영국은 일체 대응하지 않았다. 왜 그랬을까? 영국은 모직물을 생산했고 모직물 판매를 네덜란드에 의존했는데 분쟁에 휘말리기보다는 경제적 이익이 우선이었기 때문이다.

1651년 영국은 네덜란드와의 통상을 금지한다. 도버해협을 통과하는 네덜란드 상선을 임검이란 명목으로 나포했고 상선 나포가 잇따르자 분노한 네덜란드는 영국에 전쟁을 선포한다. 하지만 상대가 되지 못한다. 1652~1674년까지 세 차례 전쟁을 했지만 모두 패하고 영국에 주도권을 넘겨준다. 네덜란드는 경제적 이익에만 관심을 쏟았을 뿐 정작 그 이권을 지키기 위한 군사력에 예산을 쓰지 않아 장기적 관점에서 안정적인 체제를 갖추지 못했던 것이다. 네덜란드는 부국이었지만 강병으로 이어지지 못해 경제를 지키지 못했다.

패권국의 전제조건은 부국이다. 일단 잘살아야 한다. 돈이 있어야 한다. 다음은 이 돈으로 강병을 만들어야 한다. 그래야 그 돈을 지킬 수 있다. 이는 개인도 마찬가지다. 일단 잘살아야 한다. 돈으로 공부를 해야 한다. 그래야 부를 지킬 수 있다. 관련해 눈에 띄는 나라는 북한이다. 유일하게 가난하지만 강병을 가졌다. 아니, 강병이기보다 핵을 보유했다고 하는 편이 낫다. 국민을 굶게 하고 그 돈으로 핵

무기를 개발했기 때문이다. 근데 과연 이를 유지할 수 있을까? 두고
볼 일이다.

부와 에너지

한번 커진 살림을 줄이기는 쉽지 않다. 잘살다 살림이 기울면 살
기가 엄청 팍팍해지는 이유다. 에너지도 그렇다. 전기와 가스와 물
을 펑펑 쓰던 사람은 전기가 부족한 동네에서 살기 힘들다. 워낙 그
런 것에 익숙해졌기 때문이다. 에너지 위기를 극복하기 위해서는 두
가지 방법이 있다. 더 많은 에너지를 끌어오는 것과 사용 에너지를
줄이는 것이 그것이다. 어느 게 쉬울까? 당연히 사용 에너지를 줄이
는 게 쉽다. 갑자기 새로운 에너지를 찾을 수는 없다. 하지만 에너지
를 효율적으로 쓰는 건 할 수 있다.

부도 마찬가지다. 에너지처럼 부를 얻는 데도 두 가지 방법이 있
다. 돈을 더 많이 버는 것과 돈 쓰는 것을 줄이는 것이다. 근데 갑자
기 돈을 더 버는 건 쉽지 않다. 쓰는 돈을 절약하는 건 약간의 노력
으로 가능하다. 부는 쓰고 남은 것의 축적물이다. 남는 게 있어야 부
자가 될 수 있다. 소득이 낮아도 부를 쌓을 수 있는 사람이 있는가
하면 소득이 높아도 부를 쌓을 수 없는 사람이 있다. 부의 핵심은 저
축이다. 더 적은 돈으로 만족하는 법을 배우면 내가 가진 것과 원하
는 것 사이의 갭이 줄어든다. 저축을 늘리는 가장 좋은 방법은 소득
을 늘리는 게 아니라 겸손을 늘리는 것이다.

부지런하면 바쁘지 않다

"바쁜 것의 폭력성Tyranny of the urgent"이란 말이 있다. 바쁜 것의 해악 정도로 해석하면 된다. 하루하루는 바쁘게 살았는데 연말에 뒤돌아 보니 한 일이 별로 없을 때가 있다. 대단한 일을 한 것도 아니고 돈을 많이 번 것도 아니고 다른 사람을 위해 애를 쓴 것도 아니다. 나도 이런 경험이 많다. 이럴 때를 가리키는 말이다. 바쁜 것보다는 소중한 일을 해야 한다는 뻔한 교훈을 누구나 알고 있다. 하지만 의외로 정신없이 사는 사람들이 많다. 왜 그럴까? 왜 그들은 정신없이 사는 것일까?

바쁜 것을 유능한 것으로 착각하기 때문이다. 자신의 유능함을 뽐내는 마음도 있는 것 같은데 난 바쁜 걸 긍정적으로 생각하지 않는다. 바쁘다는 의미의 망忙이란 한자가 그걸 얘기한다. 마음 심心 + 죽을 망亡이니까 한마디로 정신줄을 놓았다는 의미다. 주변에 바쁜 사람들을 잘 들여다보자. 이들에게 급작스러운 일이 많다. 갑자기 일이 많이 생긴다. 차 고장도 잦고 감기에도 잘 걸리고 가정에도 무슨 일이 많이 벌어진다. 가보면 평소에 해야 할 일을 하지 않아 생긴 일들이다. 건강에 신경을 쓰지 않으니 자주 아프다. 차 정비할 시간 없이 차를 몰고 다니니 갑자기 길에서 서는 일도 많다. 주변 사람과의 관계에도 정성을 쏟지 않다 보니 뜻하지 않은 일이 많이 생긴다.

바쁜 것과 부지런한 것은 비슷한 것 같지만 완전히 다르다. 거의 반대 개념이다. 새벽부터 농사짓는 농부들은 바빠 보이지 않는다. 시간에 쫓기지 않는다. 절대 게으른 사람들이 아니다. 그들은 해야 할 일을 피하지도 않고 모른 체하지도 않는다. 내가 생각하는 바쁜 건 게으른 것이다. 게으른 결과로 급한 일이 많이 생기는 것이다. 미리미리 해야 할 일을 하지 않았기 때문에 자꾸 사건사고가 터지는 것이다. 그럼 어떻게 해야 할까?

첫째, 바쁜 것에 대한 나름의 재정의를 내려야 한다. 바쁜 것은 유능한 것이 아니라 게으름에서 온다는 사실을 깨달아야 한다. 바쁜 게 중요한 게 아니다. 왜 바쁜지, 그 일이 가치 있는 일인지를 따져봐야 한다.

둘째, 자주 달력을 들여다봐야 한다. 달력을 보면서 가장 많이 하는 말이 있다. "아니, 벌써 1년의 반이 지났네." "아니, 벌써 한 해가 다 지나갔네."와 같은 말이다. 그 말을 뒤집으면 "아직 제대로 목표 달성도 못 했고 하고자 했던 일은 시작도 못 했는데 어쩌지?"와 같은 후회와 자성의 말이다. 달력을 들여다본다는 건 연초에 생각했던 소중한 목표를 다시 한번 되새기라는 말이다.

셋째, 시간 관리를 넘어 인생 관리로 가야 한다. 내가 생각하는 최악의 시간 관리는 빽빽함이다. 틈이 전혀 없다. 하나의 스케줄이 밀리거나 차질이 생기면 뒤에까지 다 영향을 주면서 모든 일정이 무너지는 것이다. 시간 관리는 인생 관리를 위한 수단이다. 단기적으로 매몰되지 말고 주기적으로 매크로하게 삶을 보아야 한다.

많이 바쁜가? 하루하루 정신이 없이 살고 있는가? 그래서 삶이 좀 폈는가? 그렇지 않다면 뭔가 변화를 줄 때가 온 것이다.

분열시키고 다스려라

영국이 식민지를 다스릴 때 쓰는 전형적인 수법이 "분열시키고 다스려라Divide and Rule."다. 그 후유증이 아직까지 세계 곳곳에서 미움과 갈등으로 남아 있다. 그중 하나가 미얀마다. 영국은 다수 민족인 버마족을 약화시키기 위해 소수 민족인 로힝야족과 카렌족을 우대해 통치에 협조하도록 했다. 버마는 불교국가지만 로힝야족은 이슬람으로 종교도 다르다. 특히 제2차 세계대전 중 일본이 미얀마를 침공했을 때 로힝야족은 영국에 협력하며 일본군과 맞서 싸웠다. 이들에게 무기를 지원하고 미얀마 내 주요 거점의 행정 요원으로 배치했다. 당연히 다수 민족 버마족과 로힝야족 간에 갈등이 심해졌고 그게 지금까지 이어졌다. 독립 후 영국은 이 문제를 해결하지 않고 떠났고 그 때문에 로힝야족은 더욱 고립되고 탄압받는 처지가 되었다.

근데 미얀마뿐이 아니다. 지금 세계 곳곳에서 일어나는 많은 분쟁과 전쟁의 원인 중 하나가 그때 영국이 뿌린 씨앗 때문이다. 영국은 이런 걸 예상했을까? 예상 정도가 아니라 이걸 노렸을 것이다. 분열될수록 그들에게 돌아오는 게 많기 때문이다. 개인적으로 누군가를 이간질하고 분열시키는 사람을 가장 혐오한다. 분열을 조장하는 사람이나 단체는 악의 축이란 생각이다.

불안과 불면증

요즘 불면증 환자가 늘고 있다. 잠을 제대로 못 자는 사람들이다. 육체적 이슈로 못 자는 사람도 있지만 가장 많은 건 불안 때문이다.

불안해서 잠을 제대로 못 자는 것이다. 독재자들이 그렇다. 스탈린이 대표적이다. 그는 야행성 리더였다. 밤 9시에 회의하고 자정에 저녁 먹고 새벽 5시쯤 잠자리에 들었다. 당연히 식사에 초대받은 부하들은 낮잠을 미리 자두어야 했다. 그 앞에서 졸면 끝이 좋지 않았다. 부하들은 그와의 식사를 두려워했다. 말도 조심해야 했고 억지로 술을 먹여 실수를 유도했기 때문이다.

많은 독재자가 밤에 일하고 새벽까지 술을 마신 뒤 해가 중천에 뜰 때까지 잔다. 언제 권력을 잃을지 모른다는 불안 때문이다. 히틀러는 하루 두 번 신경안정제를 먹어야 간신히 잠을 잤다. 리비아 독재자 카다피도 40대 초반부터 과량의 수면제를 복용했다. 북한의 독재자 김정은 역시 간부들에게 새벽 전화를 걸곤 했는데 일을 열심히 해서 그런 게 아니라 실제는 밤새 폭음을 하다 전화한 것뿐이다. 대부분의 술자리는 새벽까지 계속되었고 김정은이 취해야 끝났다. 지금도 그는 매주 3~4회 밤샘 술 파티를 하고 과음을 한다고 한다.

그렇다면 스탈린의 최후는 어땠을까? 1953년 2월 28일 평소처럼 심야 연회를 하고 새벽 4시에 잠자리에 들었는데 아무도 그를 깨우지 못했다. 밤 10시가 넘어 중요한 소포가 배달되자 그 핑계로 문을 열었다. 그런데 이미 그는 뇌졸중으로 회생 불능 상태였다. 잠을 잘 자지 못하는가? 어떤 불안감을 갖고 있는가?

불행 피하기

좋은 건 그냥 좋다. 뚜렷한 이유를 찾지 못하는 경우가 많다. 싫은 건 다르다. 대부분 이유가 명확하다. 내가 싫어하고 못 견디는 걸 지우다 보면 정말 원하고 좋아하는 걸 찾을 확률이 높아진다. 하고 싶은 일을 찾을 때 이 방법을 사용하면 효과적이다. 하고 싶은 일을 찾는 대신 싫어하는 일을 지우는 것이다. 사지선다형에서 답을 고르는 것도 비슷하다. 정답이 헷갈릴 때는 확실하게 아닌 것을 먼저 지워가면 된다. 정답을 찾기는 어렵고 오답을 찾기는 쉽다. 행복도 그렇다. 행복을 찾는 것보다는 불행을 피하는 것이 나을 수 있다. 그래서 『불행 피하기 기술』이란 책도 나온 것 같다. "대단해지려고 노력하지 않는다. 다만 멍청해지지 않으려 했을 뿐이다." 찰리 멍거의 말이다.

비결을 안다고 그걸 할 수 있을까

출세의 비결, 장사로 성공하는 비결, 돈 버는 비결, 인간관계를 원만하게 하는 비결, 건강의 비결, 행복의 비결 등등. 세상은 무언가를 위한 비결과 노하우로 넘쳐난다. 문득 궁금해진다. 누가 이런 비결을 그렇게 늘어놓은 것일까? 돈 많이 버는 사람의 비결을 쓴 사람은 실제 돈을 많이 벌었을까? 리더십에 대해 책을 쓴 사람은 리더십이 있을까? 그런 경우도 있지만 그렇지 않은 경우가 더 많다. 또 이런 비결을 알게 된 사람은 비결대로 성공했을까? 출세의 비결을 읽고 비결대로 한 결과 출세했을까? 무슨 일이든 비결만 알면 할 수 있을까? 그럴 거 같지는 않다.

무엇이든 전제조건이 있다. 기본기다. 체력, 능력, 인품 같은 것들이 그것이다. 그것이 뒷받침되지 못한 채 비결을 아는 게 무슨 소용인가. 남이 만든 비결을 참고하는 건 자유지만 그 비결을 따른다고 성공하는 건 아니다. 대신 기본에 충실하고 자기 힘으로 높은 수준까지 오르는 걸 권한다. 중간에 시행착오도 겪고 좌절의 경험도 할 수밖에 없다. 그럼 어느 순간 나만의 비결을 얘기할 수 있을 것이다. 그런 게 없는 상태에서 인터넷에 떠다니는 비결을 수백 번 본들 그림의 떡일 뿐이다.

"아는 자는 일하고 모르는 자가 가르친다."라는 말은 괜히 나온 말이 아니다.

6

人

사농공상과 상공농사

패권국가의 시작은 스페인이다. 근데 스페인의 부귀영화는 오래 가지 못했다. 농업사회에 머물렀기 때문이다. 종교가 다르다고 유대 인과 이슬람을 쫓아내면서 부를 지키지 못했다. 다음 패권은 유대인 들이 이동한 상업국가 네덜란드로 간다 이들은 동인도회사를 만들 어 무역을 하면서 돈을 많이 벌었다. 하지만 이 역시 오래가지 못했 다. 산업국가로 전환하지 못했기 때문이다. 다음 패권은 영국이다. 이들은 산업혁명을 통해 세계를 지배했지만 1차 산업에만 신경을 쓰는 동안 패권은 미국과 독일 등으로 넘어간다.

패권을 위해서는 부와 기술이 필요하다. 고급인력이 있어야 한다. 농사만 지어서는 안 된다. 기술이 필요한 제조업도 필요하고 이를 유통하는 상업도 필요하다. 여러 개의 달이 필요한 솥과 같다. 그렇다면 다음 패권은 어디로 갈 것인가? 적어도 사농공상은 사라져야 한다. 공무원이 기업인을 옥죄는 일은 없어야 한다. 지금은 국가가 국회의원과 공무원을 위해 존재하는 것 같다.

한국 경제의 아버지라 불리는 인물이 있을까? 잘 떠오르지 않는다. 일본에는 있다. 일본 경제의 아버지라 불리는 시부사와 에이이치다. 메이지 시대 관리로 오늘날 일본 경제를 설계한 사람이다. 에도 막부 말기인 1840년에 태어나 1931년에 죽을 때까지 메이지, 다이쇼, 쇼와 시대를 살면서 일본 자본주의의 기반을 닦은 인물이다. 일찍이 서양으로 가서 그들의 국가와 산업제도를 직접 눈으로 살피고 이런 경험을 바탕으로 일본의 조세, 은행, 금융제도를 개혁했다. 제일국립은행, 도쿄증권거래소, 태평양시멘트, 기린맥주 등 기업을 설립하고 운영했다. 일본 기업의 아버지로도 존경받고 있다.

시부사와 에이이치는 피터 드러커가 "기업의 목적이 부의 창출일 뿐만 아니라 사회적 기여라는 것을 일본의 시부사와 에이이치에게 배웠다."라고 격찬한 인물이다. 그는 항상 논어를 옆에 두고 인생의 답을 찾았다. 당시 상공업은 매우 천한 것이며 논어와 같은 학문을 공부하는 사람은 상공업에 관심이 없었다. 상인들은 자신의 이익을 위해서라면 어떤 짓도 했다. 그는 한 손에는 주판을, 다른 손에는 논어를 들었다. 그는 『논어와 주판』이란 책을 써서 공자의 사상을 지침으로 인재를 발탁하고 기업을 운영하는 것이 어떤 것인지를 구체적으로 알려주었다. "국가의 인재가 관계에만 집중된다면 어찌 나라의 건전한 발전을 바랄 수 있겠는가? 관리는 평범한 사람이라도 감당할 수 있지만, 상공업자는 재주와 수완 없이는 해낼 수 없다. 사농공상의 계급사상으로 관리가 되는 것을 영광으로 여기고 상공업자가 되는 것을 부끄럽게 여기는 구태를 일소하고 상공업자의 실력을 기르고 지위와 품격을 향상시키는 것에 나라의 장래가 달려 있다." 그의 말이다. 사이토 다카시의 『내가 공부하는 이유』에서 발췌했다.

나는 사농공상이란 말이 참 싫다. 그 말 안에 우선순위를 포함하고 있다. 선비는 괜찮고 장사는 천하다는 생각이 깔려 있다. 과연 그럴까? 난 동의하지 않는다. 말이 되지 않는 소리다. 만약 기업인이 없다면 우리는 살 수 있을까? 삼성전자나 엘지 같은 기업이 사라진다면 한국이 존재할 수 있을까? 내가 생각하는 순서는 상공농사 혹은 공상농사다. 순서는 시대 변화에 따라 달라져야 한다. 요즘 같은 시대에는 기업이 우선이다. 누구도 부인할 수 없을 것이다. 국가가 위대한 기업을 몇 개 갖고 있느냐가 그 나라의 파워를 드러낸다.

삶과 죽음

미래 산업을 만들고 거액을 기부한 정문술 대표가 돌아가셨다. 나서길 싫어해 자기 이름을 딴 건물의 기념식에 나타나지 않았고 자식들에게도 유산을 넘기지 않았다. '브자로 죽는 게 가장 부끄러운 일'이라는 철학 덕분이다. 그는 잘 산 사람이다. 그러니까 나 같은 사람도 그의 이름을 기억하고 있고 앞으로도 기억할 것이다.

삶이란 무엇일까? 죽음이란 무엇일까? 둘 사이에는 어떤 상관관계가 있을까? 삶이 먼저일까, 아니면 죽음이 먼저일까? 당연히 삶이 먼저 아닌가? 뻔한 질문일까? 질문을 바꿔보자. 잘 죽고 싶다고 얘기하는 사람들이 많다. 객사를 원하거나 고독사를 원하거나 치매에 걸려 죽고 싶다는 사람은 없을 것이다. 근데 잘 죽으려면 어떻게 해야 할까? 잘 죽기 위한 전제조건에는 어떤 것이 있을까? 바로 잘 살아야 한다는 것이다. 잘 죽으려면 잘 살아야만 한다는 대전제가 필요하다. 남에게 해코지하고 남의 눈에서 피눈물 나게 하고 남들이야 어떻게 되건 나 혼자만의 유익을 위해 산 사람이 잘 죽기는 쉽지 않다. 잘 죽으려면 하루하루 정성껏 살아야 한다. 자기 관리를 하고 주변 사람을 돕고 사회에 기여하고 뭔가 사회에 도움이 되는 삶을 살아야 한다.

현실은 어떠한가? 살아 있는 동안 이미 죽은 사람이 제법 있다. 삶의 목표도 없고 호기심도 없고 하고 싶은 것도 없는 그런 사람들이다. 공부하지 않고 운동하지 않고 늘 징징대면서 사는 사람들이다. 불평불만으로 가득해 세상에 대한 적개심으로 가득한 이들이다. 이들은 살아있지만 이미 죽은 사람들이다. 잘 살아야 잘 죽을 수 있다. 하루를 살아도 활기차게 살아야 한다. 그래야 잘 죽을 수 있다. 잘 사는 게 먼저고 그래야 잘 죽을 수 있다는 그 뻔한 사실을 우리는 너무 자주 잊는다. 나 또한 그러하다.

삶이 먼저다

일에 올인하느라 많은 걸 잃었다며 후회하는 사람들이 있다. 건강도 잃고 가족도 잃고 친구도 잃었다는 것이다. 그에게는 일이 전부였고 나머지는 일을 하다 남은 시간에 하는 그저 그런 일이다. 일은 중요하다. 하지만 일이 삶에 앞설 수는 없다. 만약 그에게 일이 전부고 그의 정체성이 일에만 있다면 그는 은퇴하는 날이 제삿날이 될 가능성이 높다. 그래서 만들어진 말이 워라밸이다. 워크와 라이프 사이에 밸런스를 잡자는 건데 언어 선택이 잘못되었다. 밸런스라는 말에는 구분의 의미가 있다. 삶과 일을 구분한다. 근데 둘은 구분할 수 없다. 밸런스보다는 하모니가 낫다. 일과 삶의 조화가 난 맘에 든다. 그래도 순서는 중요하다. 일이 먼저일까, 삶이 먼저일까? 일에 삶을 맞출 것인가, 아니면 삶에 일을 맞출 것인가? 세상 모든 건 변한다. 일에 대한 정의도 변해왔고 앞으로도 변할 것이다.

"새로운 노동이란 자신의 삶을 일에 맞추는 행위가 아니라 일을 자신의 삶에 맞추는 행위다." 샤샤 로보의 저서 『리얼리티 쇼크』에 나온 말이다.

상상이 먼저다

1950년대 병원은 시끄러웠다. 확성기에서 끊임없이 의사를 찾는 방송을 했기 때문이다. 모토로라는 간호사와 의사가 소형 무선장치를 이용해 병동 안에서 커뮤니케이션을 하면 어떨까 상상했고 이를 제품화한다. 지금의 전화는 아니다. 병원을 벗어나면 통신을 할 수 없었다. 병원용 무전기는 공항 노동자, 트럭 운전자, 부동산 중개인으로 확대되면서 지금의 스마트폰까지 확대된다. 무언가를 만들기 위해서는 먼저 그것을 상상할 수 있어야 한다.

"먼저 그림을 꿈꾸어 본다. 그다음에 내 꿈을 그린다." 빈센트 반 고흐의 말이다.

생각, 행동, 습관, 운명

심조만유心造萬有 는 마음이 세상만물을 만든다는 말이다. 일체유심 조一切唯心造 는 모든 것은 마음먹기에 달렸다는 말이다. 과연 그럴까? 늘 자신은 우월하고 다른 사람들은 찌질하다고 생각하는 사람이 있다. 당연히 그런 생각은 무시라는 행동으로 드러난다. 남만 무시하는 게 아니라 배우자와 자식까지 무시한다. 무시당한 사람은 복수를 노린다. 자식과는 절연하고 남편은 알코올 중독으로 치료를 받고 있다. 참으로 험한 인생이다.

맵킨 수도원의 유명한 인용문이 이를 경고하고 있다. "생각을 조심하라. 그것이 행동이 될 수 있다. 행동을 조심하라. 그것이 습관이 될 수 있다. 습관을 조심하라. 그게 성격이 될 수 있다. 성격을 조심하라. 그게 운명이 될 수 있다. 생각이 행동이 되고 행동이 습관이 되고 습관이 성격이 되고 성격이 운명이 된다." 운명은 자신이 어떤 생각을 하느냐에 따라 결정된다. 당신은 사람에 대해, 자신에 대해, 세상에 대해 어떤 생각을 하고 있는가?

선 메모 후 글쓰기

주변에 글 쓰고 싶어 하는 사람이 많다. 그 글을 묶어 책으로 내고 싶어 하는 사람도 제법 있다. 나는 그런 이들을 대상으로 글쓰기 모임을 운영하는데 재미난 현상을 발견할 수 있다. 처음에는 호기롭게 들어와 매주 몇 개씩 글을 쓰다 2~3주 지나면 좌절한다는 것이다. 대부분 밑천이 바닥을 드러내기 때문이다. 뭔가 뇌 속에 수많은 것들이 있다고 생각했는데 막상 별게 없다는 사실을 인지하게 된 것이다. 그럼 어떻게 해야 할까? 좋은 글을 쓰려면 어떻게 해야 할까? 글은 백지에서 쓰는 게 아니라 메모상자 위에서 쓰는 것이다. 『제텔카스텐』이란 책이 그걸 강조한다. 본인의 뇌 외에 메모상자라는 보조 뇌가 필요하다는 것이다.

제텔카스텐은 독일의 사회학자 니클라스 루만의 메모법이다. 루만은 다작의 신으로 불리는데 번역서를 제외하고 58권의 책을 썼고 350편 이상의 논문을 썼다. 지금도 그가 남긴 9만 장의 메모에 대한 연구가 진행 중이라고 한다. 그의 노하우는 바로 메모다. 이 책의 핵심은 명확하다. "글은 백지에서 시작하는 게 아니다. 글은 메모에서 시작하는 것이다. 좋은 글을 쓰려면 좋은 메모법을 익혀야 한다. 백지에 뭔가를 쓰는 것보다 이미 표현된 걸 다른 글로 바꾸는 것이 훨씬 생산적이다. 매일 접하는 것에 대해 메모하고, 메모를 통해 생각하고, 생각한 것을 다시 메모하라. 이를 박스 안에 집어넣어라."

백지에 글을 쓰는 건 맨땅에 헤딩하는 것과 같다. 어렵다. 근데 만약 책에 관한 아이디어, 주장, 인용문, 서지정보까지 갖춰져 있다면 어떨까? 별로 힘들지 않을 것이다. 책의 빈칸에 자기 의견을 쓰면 된다. 이렇게 해서 이미 존재하는 메모를 순서대로 정리하면 된다. 정리한 메모를 원고로 바꾸면 된다. 글의 핵심은 메모의 준비다. 따로 메모를 하는 게 아니라 읽고 생각하고 이해하고 아이디어를 창출하는 걸 메모하면 된다. 메모가 먼저고 글은 다음이다.

선택과 집중

미술평론가 이주헌 선생의 강의를 들었다. 눈의 착시 현상을 설명했다. 결론부터 얘기하면 오감 중 눈이 가장 착오가 많다. 보이는 게 다가 아니고 절대 진리도 아니다. 그만큼 에러가 크다. 그래서 절대 음감이란 말은 있지만 절대 시감이란 말은 없다. 사례로 보여준 것이 검은 바탕에 있는 노란 점 세 개다. 역삼각형 모양인데 위에 두 개 아래 한 개가 있다. 청중에게 밑의 한 개만 집중해서 보라고 한다. 위의 것은 보지 않고 아래 점만 집중해서 봤더니 위에 점 두 개가 사라진다. 참 신기한 일이다. 그는 이렇게 해석했다.

"보통 선택과 집중이라고 얘기한다. 선택 후 집중하라는 것인데 틀린 말이다. 집중이 먼저고 이후 선택이 맞다. 집중은 무의식 상태고 선택은 의식 상태이기 때문이다. 무의식이 먼저고 의식은 나중이다. 집중이란 나도 모르게 집중하게 되는 것이다. 이후 집중한 곳을 선택하면 된다."

일리가 있다는 생각이다. 살다 보면 끌리는 것이 있다. 공학을 하던 내가 왜 지금 같은 일을 하게 되었을까? 공학은 내가 의식적으로 선택했고 집중하려고 노력했다. 근데 무의식적으로는 내가 지금 같은 일을 좋아했던 것이다. 누구나 끌리는 게 있다. 끌리는 데 집중하고 이를 선택하라? 새로운 발상이다.

여기서 팁 하나. 착시를 벗어나기 위해서는 눈을 흐릿하게 하면 된다. 눈을 가늘게 뜨고 봤더니 정말 안 보이던 위의 점이 보인다. 미술 공부 할 때도 순서가 있다고 한다. 가장 먼저는 전체를 봐야 한다. 다음은 대충 봐야 한다. 흐릿하게 봐야 한다. 그다음에 정밀하게 보고 묘사하라는 것이다.

설득의 순서

타인의 마음을 바꾸게 하는 건 힘들다. 아니, 거의 불가능하다. 가능한 건 본인 스스로 자신의 주장이 설득력이 있는지를 돌아보는 것이다. 스스로 허점을 발견하거나 의심을 할 수 있게끔 하는 것이다. 내가 생각하는 설득의 순서는 다음과 같다.

첫째, 공감대를 형성한다. 공감대 없이는 어떤 주장도 먹히지 않는다. 둘째, 내 주장을 펴기 전 상대 의견을 듣는다. 아니, 상대 의견을 듣고 싶다고 요청한다. 셋째, 중간중간 제대로 이해하고 있는지 확인한다. 용어의 정의를 명확히 하고 내 정의가 아니라 상대의 정의를 사용한다. 넷째, 주장의 확신 정도를 숫자로 표현해달라고 요구한다. 다섯째, 어떤 이유로 그런 확신을 갖게 되었는지 물어본다. 주장의 타당성을 의심한 적 없는지도 물어본다. 여섯째, 만약 주장이 잘못된 것이면 기분이 어떨지 물어본다.

가장 힘든 설득은 내가 나를 설득하는 것이다. 나를 설득할 수 있으면 남을 설득할 수 있다. 나를 설득하기 위해서는 어떻게 내가 그런 믿음을 갖게 되었는지를 따져보면 된다. 그 과정을 말로 하다 보면 자신도 모르게 논리의 허점 혹은 믿음의 근거가 부실하다는 걸 깨닫게 된다. 그런 의심을 하게 되면서 조금씩 마음 문을 열 수 있다. 그게 메타인지다. 또 다른 내가 나를 객관적으로 볼 수 있게 된다. 근데 우리는 다른 방법으로 설득한다. 상대 주장을 무너뜨리고 그 자리에 자기 주장을 심기 위해 애를 쓰면서 결과적으로 둘의 생각 차이가 심하다는 것만 발견한다. 그럼 설득은 물 건너 간다.

성공과 복잡성

성공이 실패의 기폭제가 될 때가 있다. 비틀스가 성공하자 외부 관계자들이 늘어났다. 비틀스에게 이런저런 요구를 하기 시작했다. 존 레논과 폴 매카트니는 밴드를 어떻게 꾸려나가야 할지 의견을 모으지 못했다. 특히 1967년 밴드의 매니저가 사망한 후 그들은 더욱 갈팡질팡했다. 비틀스는 누가 뭐래도 역대 최고의 밴드였지만 그들의 성공과 그로 인한 복잡한 문제들이 결국 비틀스의 해체를 불러왔다.

미래를 위협하는 요인 중 하나는 성공이다. 어제 성공했던 방식이 미래 성공을 방해하는 것이다. 손자가 얘기하는 "전승불복戰勝不復"이다. 승리하는 방법은 반복되지 않는다는 말이다. 서양 사람들은 이를 성공의 덫이라고 한다. 비틀스 해체는 성공이 다른 성공을 잡아먹는 성공에 걸린 수많은 사례 중 하나다.

근데 왜 성공은 지속하기가 어려운 것일까? 한때 성공했던 사람이 다시 몰락의 길에 들어서는 것은 무슨 이유 때문일까? 여러 이유가 있지만 그중 하나가 '명확성의 역설'이다. 성공하면 초점이 흐려지고 그러다 보면 해야 할 일보다 하지 않아야 할 일이 늘어나면서 문제가 생긴다는 말이다. 임원으로 승진한 후 실패하는 이유 중 하나도 명확성의 역설 때문이다. 관리 범위가 좁을 때는 모든 것이 눈에 들어와 결정하기가 편했는데 업무도 늘어나고 관리할 사람들이 늘어나면서 명확성이 떨어지는 것이다. 모르는 사람이 모르는 업무를 하면서 불확실성을 관리하는 데 실패하기 때문이다.

가난한 사람이 죽기 살기로 노력해서 성공한 얘기는 흔하다. 하지만 한 번 성공한 사람이 계속 성공하는 건 결코 쉽지 않다. 성공할수록 더 성공하고 싶어 여기저기 손을 대고 사람도 늘리면서 복잡성이 증가하기 때문이다.

성공해야 행복할까, 행복해야 성공할까

성공해야 행복할까, 행복해야 성공할까? 이는 영원한 과제처럼 생각된다. 내 경우를 보면 성공하면 행복할 가능성이 높은 것 같다. 올해 다섯 권 이상의 책을 낸 나를 보면서 사람들은 어떻게 그럴 수 있냐고 물어본다. 다른 이유는 없다. 난 새벽에 글을 쓸 때 행복하기 때문이다. 누가 시키는 것도 아니고 그냥 내가 좋아서 하는 일이다. 그런 면에서 억지로 하는 걸로 성과 내기는 쉽지 않다. 불행한 사람이 성공하기도 쉽지 않을 것이다.

왜 신이 행복을 만들었을까? 필요한 길을 자발적으로 하게 하기 위해 행복이란 기제를 만들지 않았을까? 대표적인 것이 먹는 것과 섹스다. 만약 밥 먹는 것과 섹스하는 게 고통스럽다면 인류는 이미 사라졌을 가능성이 높다. 그런 면에서 행복이 먼저고 다음이 성공이다. 근데 행복만으론 충분치 않다. 거기에 비전이 더해져야 한다. 비전은 이렇게 살고 싶다는 그림이다. 비전을 바꾸어 말하면 자신이 좋아하는 일이다. 성공을 위해서는 행복과 비전의 두 축이 있어야 한다. 비전도 없고 행복하지도 않다면 미래는 캄캄하다. 나아질 가능성이 없다. 행복하지만 비전이 없다면 더 이상의 발전은 기대하기 어렵다. 현재 행복하진 않지만 비전이 있는 사람은 불안하고 스트레스는 있지만 발전 가능성이 있다. 지금은 힘들지만 나아질 가능성이 있다. 최선은 행복하면서 동시에 비전이 있는 것이다. 그럼 몰입하게 된다. 창창한 앞날이 기다린다. 당신은 현재 어떤가?

성장과 팽창

"성장成長은 글자 그대로 자라는 것이다. 키가 크는 것, 정신적으로 자라는 것 등이 성장이다. 기업의 경우는 매출액이 늘고 직원 숫자가 느는 것도 성장이다. 실속이 따르는 규모 확대는 성장이고 실속이 따르지 않는 확대는 팽창이다. 성장은 계속되지만 팽창은 언젠가 수축한다. 그런 의미에서 능력 이상의 일은 가능한 한 거절해야 한다. 그렇지 않으면 상대에게도 폐를 끼친다."

츠타야 서점을 만든 마스다 무네야키의 주장이다. 참 설득력이 있다. 성장이란 내가 하고 싶다고 할 수 있는 건 아니다. 무리하게 가게를 확대했다고, 새로운 사업을 시작했다고 오는 것도 아니다.

내가 실력이 있고 남다른 그 무엇이 있으면 오는 자연스러운 결과다. 나는 성장하고 있는가, 아니면 팽창하고 있는가? 그렇다면 성숙 成熟은 무엇일까? 성숙의 핵심은 익을 숙熟이다. 성숙에 가장 필요한 건 시간이다. 시간이 필요하다. 당연히 순서가 다르다. 성숙 다음 성장이 아니다. 성장이 먼저고 그다음이 성숙이다. 일단 외적으로 성장한 후 내적으로 성숙하는 것 아닐까?

성찰적 연습

연습에는 두 종류가 있다. 과거를 분석하는 성찰적 연습과 미래에 대한 시뮬레이션이 그것이다. 의미 없는 반복적 연습은 발전을 방해한다. 자신이 하는 행동에 주의력을 덜 쏟을수록 성과를 높이거나 새로운 기술 습득이 어렵다. 경험은 자동성을 가져오고 자동성은 학습을 방해한다. 그렇다면 어떻게 해야 할까? 피드백이 동반된 집중훈련을 해야 한다. 약점을 해결하고 복잡한 부분을 여러 부분으로 나누어야 한다. 빠른 피드백을 받을 수 있어야 한다. 다음 방법이 효과적이다.

첫째, 같은 방법의 반복 대신 새로운 요소를 가미한다. 순서를 바꾸거나 방법을 바꾼다. 둘째, 난도를 높인다. 빌 브래들리 상원의원은 젊은 시절 농구선수였다. 그는 느린 스피드와 서툰 드리블로 고전했다. 그는 신발 안에 무거운 추를 넣고, 코트 여기저기에 의자를 배치하고, 안경 밑에 종이를 붙여서 아래가 안 보이게 한 상태에서 연습을 했다. 스테판 커리 역시 특수안경으로 시야를 일부러 가렸고

테니스공을 잡으면서 드리블을 했다. 셋째, 자기 분야와 완전히 다른 분야의 것을 연습한다. 발레가 대표적이다. 발레는 고도의 민첩성과 균형감각과 집중력을 필요로 한다. 미식축구 선수들이 자주 이 방법을 쓴다.

일주일에 세 번씩 연습장에서 두 시간씩 연습하지만 점점 골프 실력이 주는 지인을 보면서 성찰적 연습을 생각했다. 별 생각이 없는 상태에서 연습을 많이 한다고 실력이 나아지는 건 아니다.

소중한 걸 먼저 하라

"만약 하루에 두 시간이 더 생긴다면 무엇을 하겠는가?"라고 물으면 어떤 답이 나올까? 운동과 독서가 가장 많이 나온다. 그만큼 운동과 독서가 중요하다고는 생각하지만 실천이 되지 않기 때문이다. 난 이런 대답을 들을 때마다 주기적으로 책을 읽고 운동하는 사람들은 시간이 넘쳐서 그러는 것일지 되묻고 싶어진다. 당연히 아니다. 우선순위가 다르기 때문이다. 그 사람이 어떤 가치관을 가졌는지는 그 사람이 돈과 시간을 어디에 쓰는가를 보면 알 수 있다.

저축이 그렇다. 종잣돈의 중요성을 모르는 사람은 없다. 근데 어떤 이는 모으고 어떤 이는 모으지 못한다. 모으는 사람들은 먼저 저축을 하고 남은 돈으로 생활한다. 모으지 못하는 사람은 반대다. 일단 쓰고 남으면 저축을 하는데 그런 일은 잘 일어나지 않는다. 사람의 씀씀이는 무한대로 늘어나기 때문이다. 늘이는 건 쉽지만 줄이는 건 불가능에 가깝다. 많이 벌면 그만큼 많이 쓰게 되어 있다. 당연히 먼저 저축을 하고 나머지 돈으로 생활해야 한다. 막상 해보면 별로 어렵지 않다.

운동도 그렇고 독서도 그렇다. 시간이 남아서 하는 게 아니라 먼저 그것부터 하고 나머지 시간을 쪼개어 일정을 짜야 한다. 소중한 걸 먼저 해야 한다. 누구나 다 알지만 실천하는 사람은 별로 없다.

소프트웨어가 앞, 하드웨어는 뒤

존재存在의 존과 재는 다르다. 존은 소프트웨어다. 실제 눈앞에는 없으나 사실은 존재하는 걸 뜻한다. 돌아가신 아버지는 현실에는 안 계시지만 내 마음속에는 계시다. 그게 존이다. 재는 현실적으로 있는 걸 의미한다. 그래서 교수님 방 앞에 존실이 아니라 재실이라고 쓰여 있다. 도로道路의 도와 로도 다르다. 도는 하드웨어가 아니라 방법Way으로서 길 뜻한다. 무얼 하는 방법이란 말이다. 무얼 잘하는 사람을 도사라고 부르는 이유다. 로는 실제 길을 뜻한다. 방배로, 사평로 할 때의 그 로다. 얼굴은 어떤가? 얼굴의 어원은 얼꼴인데 얼은 정신이고 꼴은 얼을 담는 그릇이다. 모두 소프트웨어가 앞이고 하드웨어가 뒤다.

근데 건강健康은 다르다. 앞의 건은 육체적 건강을 뜻하고, 뒤의 강은 정신적 건강을 의미한다. 유독 건강만 하드웨어가 앞이다. 왜 그럴까? 육체적인 건강이 먼저라는 의미 아닐까?

쇄신과 신진대사

쇄신刷新이란 말이 있다. 여기서 쇄는 솔질할 쇄인데 쇄란 칫솔처럼 솔이 달려 무엇인가를 긁어 없애는 물건이다. 쇄신은 깨끗이 씻어내고 새롭게 한다는 뜻이다. 도배를 할 때 가장 먼저 하는 건 기존 벽지를 깨끗이 긁어내는 것이다. 그래야 새 벽지를 잘 바를 수 있다. 쇄해야 신할 수 있다. 쇄하지 않으면 신할 수 없다. 비슷한 말이 신진대사新陳代謝다. 새로운 것과 오래된 것의 자리를 바꾸는 일이 대사다. 신진대사가 원활하지 않으면 문제가 생긴다. 사람도 조직도 마찬가지다. 무엇을 먼저 할 것인가? 새로운 것보다 급한 건 더럽고 오래된 것을 긁어내는 것이다. 먹던 그릇에 새로운 음식을 담아 먹을 수는 없다.

수신의 순서

늘 텔레비전을 켜놓고 지내는 사람이 있다. 집에 들어서자마자 텔레비전부터 켠다. 차 안에서 늘 라디오를 켜놓는 사람도 있다. 고요한 산에서 라디오나 음악을 틀고 걷는 사람도 있다. 늘 무슨 말이라도 해야 하는 사람이 있다. 이들은 침묵을 견디지 못한다. 조용한 걸 괴로워한다. 왜 그럴까? 자신과의 대면을 두려워한다는 것이 내 해석이다. 당연히 성장하지 못한다.

난 수신修身이란 말을 좋아한다. 자신을 끊임없이 갈고닦으면서 보람을 느낀다. 근데 어떻게 해야 수신할 수 있을까? 시작은 수정守靜이다. 수정은 고요히 앉아 마음속을 들여다보는 힘을 뜻한다. 현대

인은 너나 할 것 없이 바쁘지만 마음은 늘 불안하다. 혼자 있는 시간을 견디지 못한다. 고요함을 힘들어한다. 하지만 사람은 혼자 있을 때 발전한다. 늘 사람들과 어울려 지내고 혼자만의 시간을 갖지 못하는 사람은 발전하지 못한다. 잔잔한 물에서만 달과 별을 볼 수 있는 것처럼 마음이 평온해야 인생의 오묘한 이치를 깨달을 수 있다. 정좌靜坐와 정양靜養은 학문의 필수 과정이다. 조용하게 차분히 앉아 있을 수 있어야 한다. 이것이 수양의 기본이다.

수신제가치국평천하

걸핏하면 애국, 민족, 국가의 장래 같은 중후장대한 얘기를 하는 사람을 보면 어떤 생각이 드는가? 난 그의 일상이 궁금해진다. 몇 시에 일어나 몇 시에 잠이 들까? 일주일에 술을 몇 번이나 마실까? 최근 어떤 책을 읽었을까? 그는 어떤 사람들과 주로 시간을 보낼까? 대화의 소재는 무엇일까? 그의 지인들은 그에 대해 어떤 평가를 할까? 배우자와 가족은 그를 어떻게 생각하고 있을까?

그가 하는 멋진 얘기와 일상이 일치하지 않는 경우가 많다. 누군가를 행복하게 하겠다고 떠들지만 정작 본인도 행복하지 않고 배우자조차 만족시키지 못하는 사람들이 많다. 밖에서 봉사를 하지만 실제로는 가족 밥도 챙기지 못한다. 밥만 먹으면 민주화를 부르짖지만 정작 자신의 가정은 비민주적으로 운영한다. 모두 말이 되지 않는 행동이다.

삶에서는 일상이 가장 중요하다. 일상이 그 사람이다. 그런 면에서 "수신제가치국평천하修身齊家治國平天下"는 진리다. 자기 몸을 닦고 가정을 평안하게 한 후 세상에 나가야 하는 것이다. 순서를 뒤집으면 개인도 고생, 조직도 고생이다. 근데 요즘 그런 사람들이 너무 많다.

수파리

한국은 파리올림픽 펜싱 단체전에서 금메달을 획득했다. 유럽이 강세인 펜싱에서 한국 선수가 금메달을 딴 비결이 무엇일까? 그들의 이야기를 종합하니 다음과 같았다. 1단계는 배우는 단계다. 상대해주지 않는 유럽 국가들을 하나하나 찾아다니며 그들의 기술을 배우고 흉내 냈다. 2단계는 유럽 선수들처럼 해서는 그들을 이길 수 없다는 걸 깨닫는 단계다. 그들은 어렸을 때부터 펜싱을 자연스럽게 배운다. 그들은 팔도 길고 손 기술도 뛰어나 절대 따라갈 수 없다. 그들의 방식을 깨기로 했다. 3단계는 차별화 단계다. 우리는 발을 이용하기로 했다. 빠른 발을 이용한 속도로 상대의 허점을 찔렀다. 상대 선수가 치고 들어오면 쏜살같이 달아나고 날아오는 칼은 뒷걸음질로 피하는 식이다. 1분당 스텝 수를 유럽 선수들의 두 배 수준으로 높이도록 훈련했다. 펜싱은 손으로 한다는 통념을 깨고 한국은 발로 펜싱을 했다.

이게 동양의 마스터리 법칙 '수파리守破離'다. 먼저 지킬 수守다. 스승이 가르쳐주는 기본을 철저하게 연마하는 것이다. 다음은 깨트릴 파破다. 기존의 형식을 파괴하는 것이다. 마지막은 헤어질 리離다. 기존 것과 헤어져 자신만의 길을 개척하는 것이다. "과학자처럼 방법

을 배우고 다음에는 예술가처럼 그 방법을 파괴하라." 피카소가 한
말이다. 우선 정수를 배우고 다음에 묘수를 두라는 말이다.

숙면을 위해

몸이 피곤하고 스트레스가 많이 쌓였다. 세 가지 옵션이 있다. 술
을 마시는 것, 운동을 하는 것, 잠을 자는 것. 당신은 무엇을 택하겠
는가? 시간 여유가 있다면 운동을 한 후 맥주를 한잔하고 잠을 푹
자는 것이 최선이다. 시간이 부족한 경우 난 잠을 자는 것에 한 표를
던진다. 잠을 아끼는 건 생명을 깎아 먹는 행위다. 주변에 불면증 환
자가 제법 있다. 이유는 다양하지만 가장 큰 이유는 활동 부족이다.
너무 움직이지 않고 몸이 편하기 때문이다. 격렬한 유격훈련 중 잠
시의 휴식시간에 비를 맞으며 잔 기억이 있다. 그만큼 활동이 수면
에는 필수적이다.

숙면을 위해서는 활동량을 늘려야 한다. 가능하면 몸을 많이 움
직여야 한다. 다음은 마음이 편해야 한다. 배가 부른 것보다 마음 편
한 것이 낫다. "때린 놈은 오그리고 자도 맞은 놈은 발 뻗고 잔다."
"가장 좋은 베개는 깨끗한 양심이다A clear conscience is a good pillow."

순서는 가치관이다

살기 위해 일하는가, 아니면 일하기 위해 사는가? 먹기 위해 사는
가, 아니면 살기 위해 먹는가? 중요한 질문이지만 선뜻 답하기 어렵
다. 세상에는 그런 일이 지천이다. 운동도 그렇다. 왜 운동을 할까?

건강을 위해, 살을 빼기 위해, 멋진 몸매를 갖기 위해 등등. 100세를 넘긴 김형석 교수의 답은 일하기 위해 운동을 한다는 것이다. 그에게는 일이 최우선 순위다.

이를 보면 순서는 곧 가치관이다. 내가 가장 높은 가치를 두는 것이 목적이고 뒤에 나오는 건 목적을 달성하기 위한 수단이다. 독서도 그렇고 공부도 그렇다. 왜 독서를 할까? 독서 자체가 목적인 사람도 있지만 내가 생각하는 독서는 목적이 아니라 수단이다. 잘 살고 싶은데 책의 도움을 받고 싶어서 읽는다. 일도 그렇다. 먹고살기 위해 일을 할 수도 있지만 지금의 나는 달라졌다. 예전에는 먹고살기 위해 일을 했지만 지금은 일 자체에 가치를 둔다. 먹고사는 일과 관련 없지만 그냥 좋아서 일을 한다. 내가 하는 일을 진정으로 좋아한다. 세월에 따라 목적이 달라지는 것 같다.

순서를 파괴하라

혁신의 방법 중 하나는 순서를 파괴하는 것이다. 기존 제품은 디자인하고 개발하고 마케팅 전략을 짜고 홍보하고 나서야 드디어 고객에게 팔기 시작한다. 근데 고객이 원하는 것이 아닌 경우가 있다. 아니, 제법 많다. 그럼 이 일을 어떻게 할 것인가? 고객이 원하는 걸로 착각해 엄청난 비용과 시간을 쏟아부었는데 고객이 아니라니…… 세상에 이보다 난감한 일은 없다. 여기에 반기를 든 사람이 아마존의 제프 베이조스다. 그는 거꾸로 일할 것을 주문한다. 영어로 워킹 백워드Working Backward다. 한마디로 고객 경험을 먼저 생각한다음 이를 구현하기 위해 거꾸로 되짚어 일하라는 뜻이다. 구체적으로 어떻게 하는 걸까? 이들은 개발보다 먼저 언론 보도자료와 FAQ를 미리 작성한다. 제품 콘셉트에 대한 내러티브를 언론 보도자료로 만드는 것이다. 보통은 개발자들이 개별을 끝내면 마케팅에 후속작업을 넘긴 후에야 고객 관점에서 설명하기 위해 스토리를 짠다. 이게 워킹 포워드Working Forward 다. 워킹 백워드는 이와 반대로 하라는 것이다. 기자를 대상으로 보도자료를 먼저 쓰고 고객이 할 만한 질문에 대한 답을 먼저 만들라는 것이다. 외부 질문과 내부 질문이 모두 포함된다. 경영진이 질문할 것, 고객이 질문할 것을 열거하고 답한 후 개발에 들어가라는 것이다. 첫 번째 성공 사례가 아마존의 전자책 킨들이다. 순서를 바꾸는 것만으르 혁신이 일어날 수 있다는 좋은 사례다.

도요타의 유명한 철학인 '저스트 인 타임Just-In-Time'도 순서를 바꾼 혁신 사례에 해당한다. 대량의 재고를 토유하다 필요할 때 사용하는 것에서 필요한 시점에 필요한 만큼 재고를 조달하자는 것이다. 전통적으로는 생산이 먼저다. 생산한 후 재고를 쌓아놓고 고객에게 물건을 판다. 근데 경쟁이 치열해지면서 물건은 많은데 팔리지 않고 만든 물건은 다 재고로 남는다. 과다한 재고는 조직을 좀먹는 암세포 같은 존재다. 겉으로는 남는 것 같지만 뒤로는 밑지게 만드는 원흉이다. 도요타는 이 문제를 해결하기 위해 선생산에서 선주문으로 순서를 바꾼다. 주문을 먼저 받은 뒤 거기어 맞춰 생산을 해 재고를 제로로 만들자는 것이다. 이렇게 저스트 인 타임 방식이 탄생했다. 이 방식은 혁신적 변화로 전 세계 제조업에 큰 영향을 미쳤다.

시간에 따라 달라지는 것들

초기 사업을 키울 때는 세勢를 키우는 게 큰 의미가 있다. 하지만 그 이후에는 수익률이고 마지막은 가치가 되어야 한다. 석유수출국 기구OPEC에 대한 사우디와 이란의 전략은 달랐다. 이란은 석유가 제한되어 있으니 양을 줄이고 가격을 높게 받아 수익을 내자는 것이다. 사우디는 가격을 내려서라도 시장점유율을 늘리자는 것이다. 10년이 지난 후 사우디 전략이 절대 우위인 것으로 판명이 되었다.

규모가 되지 않는 상황에서 수익을 얻는 건 매우 어렵다. 초기에는 매출이 중요하다. 손해를 볼 수도 있다. 어느 정도 되면 손익이 받쳐줘야 한다. 그다음은 기업이 추구하는 가치가 있어야 한다. 그게 일류기업이다. 세 가지는 사이클을 그리면서 가는 것 같다. 하지만 마지막은 철학과 가치다.

시작이 먼저다

개인이나 조직이나 실행력이 중요하다. 근데 실행력이란 대체 무엇일까? 내가 생각하는 실행력은 시작이다. 일단 시작하는 것이다. 그렇다면 시작의 반대말은 무엇일까? 미루는 것이다. 차일피일 이 핑계 저 핑계 대면서 미루는 것이다. 내가 생각하는 미루기는 게으름이다. 무슨 일이든 시작이 가장 중요하다. 글을 쓰고 싶은 사람은 일단 책상에 앉아 펜을 들어 첫 글자를 써야 한다.

"창조는 시작이다. 창조를 위해서는 우선 시작해야 한다. 우리는 여러 이유를 대며 시작하지 않는다. 언젠가는 무언가를 하겠다고 매일 결심하지만 그 언젠가는 영원히 오지 않는다. 바다에서 수영을 하기 위해서는 일단 바닷물에 몸을 담가야 한다. 머리끝부터 발끝까지 물에 흠뻑 적셔야 한다. 시작은 창조를 위한 가장 훌륭한 원천이다. 시작을 미루는 것은 몸도 담그지 않은 상태에서 수영하는 법에 대해 고민하는 것과 같다. 훌륭한 모든 작품은 시작에서 비롯된다. 모든 것은 나중에 고치거나 지우거나 재구성할 수 있다. 창조를 위해서는 행동력이 중요하다. 창조를 위해서는 빠른 행동이 중요하다. 행동 중 하는 이야기는 유용하지만 행동에 관한 얘기는 유용하지 않다.

창조란 말하기가 아니라 행동이다. 창조적인 조직은 행동에 우선순위를 부여한다. 비창조적인 조직은 회의, 말하기가 우선이다. 회의를 통해 창조가 일어나지는 않는다. 창조는 대화가 아니라 행동이다. 조직이 창조적일수록 내부회의는 적게 한다. 참석자는 적다. 그 결과 더 많은 사람들이 창조의 제일선에서 일을 한다. 내부회의는 상당 부분은 계획을 위해서이다. 하지만 계획대로 되는 경우는 별로 없다." 『시작의 기술』에 나온 대목이다.

"어떤 일을 하기에 완벽한 시기는 존재하지 않는다. 시작해야 할 시기는 바로 지금이다." 니체가 한 말이다. 시작이 먼저다. 바로 지금 시작하라.

식별

식별識別은 알 식識에 구분할 별別이다. 알아야 구분할 수 있다. 식하지 않으면 별할 수 없다. 늘 인식이 먼저다. 뭔가 잘못되었다는 걸 인식했는데 안 하긴 쉽지 않다. 변화하기 힘든 이유도 사실은 인식하지 못하기 때문이다. 해야 할 일과 하지 말아야 할 일, 지금 할 일과 나중에 할 일, 만나야 할 사람과 만나면 안 되는 사람을 왜 구분하지 못하는 걸까? 인식하지 못하기 때문이다. 늘 인식이 먼저고 그 다음이 구별이다.

신사업의 순서

내가 아는 모기업은 신사업에 목숨을 걸었다. 원래의 업종은 유산균 관련 음료인데 위·장·간 관련 병원, 물류회사, IT회사, 교육회사 등 모든 분야에 진출했는데 제대로 되는 사업은 별로 없는 듯하다. 투자는 이것저것 했지만 아직 가시적 성과는 없는 것 같다. 근데 충분히 이해할 수 있다. 현재 사업은 한계가 있고 미래 먹거리에 대한 걱정이 크기 때문이다. 여러분 같으면 어떻게 신사업을 추진하겠는가? 관련해서 아마존의 방식이 도움된다. 아마존에는 '테스트test - 구축build - 가속화accelerate - 확장scale'이라는 성장 사이클이 있다. 처음부터 대규모로 투자하는 대신 이런 단계를 거쳐 리스크를 줄이기 위한 것이다.

첫째, 테스트 단계는 말 그대로 테스트해보는 것이다. 크게 벌이는 대신 이것저것 해보라는 것이다. 이를 위해 성공적 실패를 장려

한다. 실패 항목을 예산에 미리 배정한다. 그들은 이베이처럼 경매 방식을 도입했다가 실패했고 지숍이라는 제삼자 판매 방식도 실패했다. 파이어폰은 실패로 끝나 1억 7,800만 달러의 손실을 안겼다. 하지만 이후 알렉사를 만들어 수십억 달러 수익을 냈다. 경매와 지숍의 실패는 훗날 아마존 마켓 플레이스라는 성공 아이디어로 이어졌다.

둘째, 구축 단계다. 여기서는 고객에 집착하고 장기적 사고를 장려한다. 고객이 원하는 건 언제나 낮은 가격, 최상의 제품, 빠르고 편리한 배송이라며 이를 위해 진력투구한다.

셋째, 가속화 단계다. 뭐든 사업이 잘되면 경쟁자들이 생긴다. 가속페달을 밟아 도망가자는 것이다. 이를 위해 의사결정 속도를 높이고 단순화하고 기술로 시간을 단축하며 주인의식을 함양한다. 여기서의 핵심은 의사결정 속도를 올리는 것이다. 의사결정을 두 가지로 나눈다. 잘못되면 손실이 엄청나고 돌이킬 수 없는 유형 1과 잘못되어도 별 지장이 없는 유형 2가 그것이다. 유형 2는 24시간 내에 결정하는 걸 원칙으로 한다. 하지만 유형 1은 회의 전 6쪽 검토서를 작성해 모두가 신중하게 읽는다. 파워포인트 대신 글로 6쪽 검토서를 작성하게 하는 것이다. 발표자를 수동적으로 따라가는 대신 스스로 읽고 판단에 책임을 지라는 것이다.

넷째, 확장 단계다. 글자 그대로 수직적, 수평적으로 사업을 확장하자는 것이다.

신언서판

신언서판身言書判은 조선시대 사람을 판단하는 네 가지 기준이다. 생긴 것, 말하는 것, 글쓰기, 판단력이다. 근데 왜 순서가 신언서판일까? 판서언신하면 무슨 문제가 있을까? 왜 생긴 게 가장 중요하고 그다음이 말하는 것일까? 그렇다면 외모로 사람을 판단하지 말라는 말은 왜 생겼을까? 지금 이 사회는 어떤 순서로 사람을 평가하고 판단할까?

난 지금도 이 순서가 유효할 것으로 생각한다. 여기서 생긴 건 외모지만 잘생기고 못생기고의 문제만은 아니다. 그것을 넘어선다. 그보다 밝은지 어두운지의 여부, 서 있거나 앉아 있는 자세와 태도, 몸짓과 손짓, 얼굴 표정 등 모든 걸 포함한다. 신은 그동안 그 사람이 살아온 행동, 태도, 습관의 결과물이다. 그게 겉으로 드러난 것이다. 부정적인 사람이 그걸 감출 수는 없다. 건강이 안 좋은 사람 역시 그걸 숨기기는 어렵다. 그런 면에서 신의 영역은 광범위하다. 신 안에 언, 서, 판이 모두 포함되어 있다. 척 보면 안다는 말이 왜 나왔겠는가.

실력이 먼저다

"모든 일의 성패는 운과 실력이 결합해 결정된다. 최고의 성과를 내기 위해서는 운과 실력, 각 요소별로 전략을 다르게 수립해 자원을 투입하면 된다. 운과 실력의 가장 큰 차이는 '축적의 가능성'이다. 아무리 노력해도 운을 쌓아둘 수는 없다. 오늘 복권이 당첨되었다고 내일 또 당첨될 리는 만무하다. 당첨 확률을 높이는 유일한 방법은 복권을 사서 긁어보는 것이다. 최대한 많이 시도해보는 것이다. 운이 영향을 미치는 단계에서는 비용을 낮춰 최대한 여러 번 시도해보아야 한다.

그렇다면 실력이 중요한 단계에서는 어떤 전략을 세워야 할까? 답은 매우 간단하다. 실력을 쌓으면 된다. 운은 쌓을 수 없지만 실력은 쌓을 수 있다. 노력은 시간을 저축하는 행위다. 부동산 투자도 그렇다. 그들이 많이 하는 현장답사라는 것도 그렇다. 그 단어 안에는 많은 과정이 포함된다. 시세 파악, 주변 교통망 및 생활환경 확인, 학군 조사, 주민 인터뷰 등이 이에 해당한다. 그런데 현장답사 과정을 체계화하고 반복하다 보면, 어느 순간부터 임장에 대한 스트레스는 기하급수적으로 줄어든다. 스트레스가 줄어들면 더 많은 노력을 기울일 수 있고, 실력은 일취월장할 수밖에 없다. 같은 시간을 투여해도 오랜 시간 훈련하여 숙련된 사람과 이제 막 시작한 사람의 성과는 양적으로 질적으로 엄청난 차이를 보이게 마련이다. 처음 현장답사를 갈 때보다 100번째 현장답사에서는 엄청난 정보를 단시간에 습득하게 될 것이다. 이렇듯 연습과 훈련을 통해 무언가에 익숙해지면서 시간이 단축되는 경험은 누구에게나 있다. 시간을 벌어들인 것이다." 재테크 전문 유튜버 신사임당이 쓴 책 『슈퍼노멀』에 나온 내용이다.

성공한 사람들이 가장 많이 하는 말은 운이 좋았다는 말이다. 도대체 이게 무슨 말인가? 그럼 일이 잘 풀리지 않은 사람은 단순히 운이 나빴기 때문에 그렇다는 말인가? 어떻게 하면 운을 좋게 할 수 있을까? 아무리 열심히 해도 모두 성공하는 것도 아니고 별로 노력하지 않는데도 성공할 수 있다. 문제는 확률이다. 성공의 확률을 높이기 위해서는 우선 실력을 쌓아야 한다. 끊임없는 노력으로 실력을 쌓으면 운이 도와줄 확률이 높아지는 것이다. 무언가를 성취하고 싶으면 기도원에서 백일 기도를 올리는 대신 실력을 먼저 쌓아야 한다. 실력이 먼저고 운이 나중이다.

심신단련

아무 생각없이 심신단련心身鍛鍊이란 말을 썼지만 곰곰 생각해보면 순서가 잘못되었다. 몸을 방치한 상태에서 마음을 닦는 건 쉽지 않다. 몸을 갈고닦다 보면 마음까지 닦이는 걸 헬스를 할 때마다 느낀다. 심신단련 대신 신심단련이란 말을 써야 한다.

싸움닭의 급수

"짖는 개는 물지 않는다."라는 속담이 있다. 짖는다는 건 그 자체로 별 볼 일 없다는 걸 의미한다. 짖는다는 건 두려움의 방증이다. 두렵기 때문에 짖어 상대를 위협하려고 하는 것이다. 늘 회사를 때려 치우겠다고 하는 사람도 비슷한 부류다. 그런 말을 자꾸 한다는 건 '회사 생활이 힘드니 제발 나 좀 잡아달라.'는 것의 다른 표현이다. 그만둘 가능성이 별로 없다. 진짜 회사를 떠나는 사람은 어느 날 홀연히 떠난다. 전혀 낌새를 알아차리지 못한다.

정말 똑똑하고 강한 사람은 어떤 사람일까? 어떤 특징이 있을까?

반대로 하수들은 어떤 특성을 갖고 있을까? 관련해서는 『장자』의 「달생편」에 나오는 싸움닭 사례가 힌트를 준다. 대충 다음과 같은 얘기다. 싸움닭으로 유명한 기성자라는 사람이 왕의 부름으로 싸움닭을 훈련하게 되었다. 열흘이 지나 왕이 물었다. "이제 대충 되었는가?" 이에 기성자가 "아직 멀었습니다. 지금 한창 허장성세를 부리고 있습니다."라고 답했다. 열흘이 지나자 왕이 또 물었다. "대충 되었겠지?" 기성자가 답했다. "아직 멀었습니다. 다른 닭의 울음소리나 그림자만 봐도 덮치려고 난리를 칩니다." 다시 열흘이 지났다. 왕이 또 물었다. 기성자가 답했다. "아직도 훈련이 덜 되었습니다. 적을 보면 노려보기만 하는데 여전히 지지 않으려는 태도가 가시지 않습니다." 그리고 또 열흘이 지나자 기성자가 만족해하며 이유를 묻는 왕에게 이렇게 답했다. 기성자는 "상대 닭이 아무리 소리를 지르며 덤벼도 조금도 동요하지 않습니다. 멀리서 보면 나무로 깎아 만든 닭같지요. 다른 닭을 보고도 아무 반응이 없자 다들 그냥 가버립니다." 기성자는 다른 닭을 대하는 태도를 보고 싸움닭의 훈련 정도를 평가했다. 다른 닭을 보고 아무 심리적 동요를 보이지 않는 상태가 되었을 때 훈련이 완성되었다고 이야기했다.

7
O

알아야 소유할 수 있다

부자가 되려면 돈을 알아야 한다. 돈을 이해해야 한다. 돈이 무언지, 어떻게 해야 돈을 벌 수 있고 유지할 수 있는지를 알아야 부자가된다. 사람을 얻는 것도 그렇다. 사람에 대한 이해가 있어야 좋은 사람을 얻을 수 있다. 건강도 그렇고 몸도 그렇다. 대부분 사람들은 멋진 몸매, 건강한 몸을 갖고 싶어 한다. 하지만 몸에 대해 공부하지않고 몸에 대해 알려 하지 않는다. 결과단 얻으려 한다. 평생 다이어트를 하는 사람이 있다. 한동안 날씬했다 어느 날 보면 원래대로 돌아가 있다. 일시적으로 굶고 약 먹고 어느 정도 되었다 싶으면 중지한다. 몸에 대해 무지해서 하는 행동이다. 당연히 예전 몸으로 돌아간다. 아니, 예전 몸만도 못한 상태가 된다. 다이어트를 반복할수록몸매는 나빠진다. 이런 사람은 평생 좋은 몸을 가질 수 없다.

좋은 몸을 갖기 위해서는 몸에 대해 알아야 한다. 몸에 대해 공부해야 한다. 몸이 무엇이고 어떤 이치를 갖고 있고, 건강을 위해서는 무엇을 해야 하고 하지 말아야 할 것이 무언지 알고 정확하게 이해해야 한다. 그래야 좋은 몸을 가질 수 있다. 삶도 그렇다. 제대로 된 삶을 살려면 삶이란 무엇인지를 이해해야 한다. 행복도 그렇고 모든 것이 그러하다.

"이해할 수 없으면 소유할 수 없다." 괴테가 한 말이다.

양이 먼저다

자동차를 살 때 신차는 가급적 사지 않는 게 좋다. 1년쯤 지난 모델을 사는 게 유리하다. 왜 그럴까? 초기 차량은 품질 문제가 많다. 양산을 하면서 예상치 못한 문제가 있는데 이는 차를 계속 만들면서 하나씩 해결할 수밖에 없다. 그렇기 때문에 몇 년 지난 차들이 품질 면에서는 좋은 경우가 많다. 무슨 일이든 일에는 순서가 중요하다. 그중 대표는 양이 먼저냐, 아니면 질이 먼저냐 하는 문제다. 난 당연히 양이 먼저라는 것에 한 표를 던진다. 처음부터 질이 나오기는 쉽지 않기 때문이다. 거장들의 특징은 다작이다. 많은 작품을 쓰고 만들다 보니 어느 순간 품질이 높은 작품이 나오고 그게 쌓이고 쌓여 거장의 반열에 오르는 것이다.

이건 말로 하는 것보다 실제 해보는 것이 효과적이다. 필생의 작품을 쓰기 위해 비슷한 수준의 두 사람이 실험을 하는 것이다. 한 사람은 매일 꾸준히 글을 쓰고 질이 떨어지는 책도 낸다. 매년 5~6편을 꾸준히 펴낸다. 때론 사람들이 혹평한다. 다른 한 사람은 필생의 한 작품을 위해 전력투구한다. 질이 떨어지면 중단한다. 글을 써도 발표하지 않는다. 세월이 흐른 후 누가 거장이 될 가능성이 높을까?

누구나 질 높은 작품을 만들고 싶어 한다. 그저 그런 작품을 목표로 일하는 사람은 없다. 중요한 건 처음부터 그런 작품을 만들 수는 없다는 것이다. 꾸준함이 뒷받침되어야 가능하다. 양이 우선이다. 양이 먼저다. 근데 일정량을 채우기 위해서는 꾸준함이 필요하다. 꾸준하지 않으면 양을 채울 수 없다. 그런 면에서 완벽주의와 지나친 꼼꼼함은 장애물이 될 수 있다. 글을 쓰고 싶어 하는 사람은 많지만 정작 글을 쓰지 못하는 이유 중 하나는 바로 완벽주의다. 완벽한 글을 기다리다 삶이 끝나는 것이다. 또 완벽주의는 게으름의 다른 모습일 수 있다. 하기는 싫은데 마땅한 핑계가 없을 때 완벽주의는 좋은 이유가 되기 때문이다.

양이 먼저고 질은 그다음이다. 질質의 원래 뜻은 바탕인데 바탕은 바로 양量이다. 양이란 바탕 위에 질이 만들어진다. 양이란 바탕이 없다면 질 따위는 언급할 수조차 없다. 양으로 먼저 바탕을 만들라. 그 다음 질을 세워라. 진리 중 진리다. 세워진 질의 축적 위에 격格이 만들어진다. 격은 양과 질의 과정을 거친 후 얻을 수 있는 귀한 선물이다. 양도 없고 질도 없는 사람이 격을 논하는 건 어딘가 이상하다.

역인과응보의 법칙

감사에는 역인과응보 법칙이 작용한다. 성공한 사람이 감사할 줄 아는 게 아니라 감사할 줄 알아야 성공한다. 작은 감사라도 잊지 않는 사람이 성공한다. 윤은기 전 중앙공무원교육원장은 공군장교로 복무하던 시절 상관을 지금도 찾아가 인사드리고 부부 동반 식사를 한다. 인생의 롤모델을 젊은 시기에 만나 큰 배움을 얻었다는 감사와 예전 어록과 교훈으로 이야기꽃을 피우면서 거의 40년째 해오는 연례행사다. 그 상관은 "나를 거쳐간 부관 가운데 이렇게 감사를 표하는 이는 당신뿐이다. 그것만으로도 당신이 보통 사람이 아니라는 뜻"이라며 고마워한다.

여러 리더가 학창 시절 스승이나 멘토를 평생 찾아뵈며 감사의 마음을 전하는 모습을 볼 때마다 역인과응보 법칙을 생각하게 된다. 감사하는 사람이 성공하는 것이지 성공한 사람만이 감사하는 것이 아니다. 상대가 '꺼진 불인지 켜진 불인지' 따지지 않고 챙기고 찾아가는 마음, 그것이 감사의 자장을 형성하고 행복을 부른다. 감사는 발열도 중요하지만 더 중요한 것은 보온이다. 감사의 유통기한을 늘려라. 김성회의 저서 『리더의 언어병법』에 나오는 이야기다.

열정과 지식

직장인들이 가장 많이 쓰는 단어 중 하나는 열정이다. 열정적으로 일을 하라, 요즘 열정이 식었다, 왜 열정을 보이지 않느냐 등등. 근데 과연 열정이란 무엇이고 언제 열정이 생길까? 내가 생각하는 열정은 성실함과 인내다. 컨디션이 좋지 않을 때도 그것을 해낼 수 있는 차분한 에너지에 가깝다. 열정과 열망을 구분해야 하는데 둘의 차이는 꾸준함이다. 열망은 순간적이고 열정은 꾸준한 것이다. 그렇다면 열정은 어떻게 생길까? 가만히 있는데 열정이 뿜뿜 뿜어져 나올까?

열정 하니까 떠오르는 사건이 있다. 오래전 박사과정을 밟을 때의 일이다. 박사과정에는 학위에 도움이 되는 필수과목을 들어야 한다. 근데 학위와 관련 없어 보이는 과목을 들으라는 지도교수님의 말에 "내가 왜 이런 과목까지 들어야 하나요? 관련이 없는 것 같습니다."라고 따졌다. 거기에 대해 지도교수님은 "지식이 열정을 만들어내는 법이야Knowledge breeds enthusiasm."라고 답했다. '너는 지금 뭘 모르는지, 뭘 아는지, 뭘 알아야 하는지도 모른다. 잔소리 말고 그 과목을 공부해라. 그러면 열정이 생길 거야.'라는 말이었지만 당시에는 그 말이 가슴에 와닿지 않았다. 그저 학위에 도움이 되는 최소한의 과목만 듣고 싶었다. 근데 요즘 그 말을 실감하고 있다. 지식이 없으면 열정도 생기지 않는다. 열정은 지식의 결과물이다. 공부해야 더 공부하고 싶다는 말로 해석해도 무방하다. 공부하지 않으면 공부에 대한 열정은 생기지 않는 법이다.

열정을 갖고 싶다고? 그럼 그에 관련한 공부를 하라. 그럼 더 알고 싶은 게 생겨 더 공부하고 싶을 것이다. 그게 열정이다. 20년 이상 책을 소개하고 50권 이상 책을 썼는데 그럴수록 더 공부하고 싶은 게 늘고 있는 나를 보면 이 말이 진리라는 생각이다. "우리가 열정을 선택하는 것이 아니라 열정이 우리를 선택하게 해야 한다." 아마존을 만든 제프 베이조스의 말이다.

열정은 됐고 하는 일이나 잘하라

자기에게 맞는 일을 찾아라, 열정을 갖고 일하라는 말을 자주 한다. 스티브 잡스가 대표적이다. 근데 그런 잡스는 정말 열정이 이끄는 대로 일을 했을까? 젊은 시절 그가 가장 열정을 가졌던 일은 명상과 선이다. 회사를 다니다 중단하고 인도에 가기도 했다. 만약 그가 열정이 이끄는 대로 살았다면 그는 명상원의 지도자가 되어야 했다. 하지만 그는 열정을 따르는 대신 먹고살기 위해 IT산업에 종사해 애플을 만들었다. 그 일을 제대로 하기 위해 온몸을 던졌다.

이 일이 내게 맞을까? 어떤 일이 내게 맞는 일일까? 이런 질문은 의미가 없다. 이런 질문을 던지기 전에 하고 있는 일, 해야 할 일을 제대로 해야 한다. 그럼 열정이 나온다. 열정이란 제대로 일을 할 때 얻을 수 있는 부산물이다. 어떤 일을 하느냐는 별로 중요하지 않다. 주어진 일을 제대로 하면 열정은 나온다. 열정을 따르는 대신 열정이 여러분을 따르도록 해야 한다. 칼 뉴포트의 저서 『열정의 배신』에 나오는 내용이다.

영재교육의 순서

이스라엘 교육 가운데 눈여겨볼 만한 것 중 하나가 영재교육이다. 영재교육의 목표는 지식의 조기 습득과 활용에 있지 않고 오히려 인성교육과 지혜교육에 중점을 두고 있다. 영재일수록 하느님의 가르침이 절실하다고 보기 때문에 영재교육도 종교교육의 바탕 위에서 진행된다. 유대인은 세 가지 차원의 인지 개발을 추구한다. 1차원 영재교육은 지식 위주의 지능 개발로 일반적으로 학교나 학원에서 가르치는 내용이다. 여기에는 IQ교육을 포함한다. 2차원 영재교육 슈르드_shrewd는 일종의 종교교육이다. 슈르드는 악인의 올무에 걸려 피해를 당하는 일이 없도록 해주는 능력으로 순발력 있게 선과 악을 구별해 죄를 멀리하고 재앙을 피하게 한다. 종교적 영리함과 현명함을 목표로 개발한다. 유대인 교육에는 반드시 시험이 있음을 강조한다. 하느님께서도 때가 되어 아브라함을 시험하셨듯 시험이 없는 교육은 있을 수 없다는 것이다. 3차원 영재교육은 지혜 개발을 목표로하고 있다. 이것이 종교교육이 지향하는 최고 단계다. 지혜는 어려운 문제에 부딪힐 때 그것을 해결해주는 도구다.

이 세 가지 차원의 영재교육을 낮은 단계에서 높은 단계로 정리하면 지식, 슈르드, 지혜의 순서가 된다. 근데 여기서도 순서가 중요하다. 3차원 지혜를 먼저 가르치고 다음 슈르드 교육을 시키고 마지막으로 지식을 가르친다. 지식에 앞서 먼저 인성교육을 하는 것이다. 그리고 이 과정에서 지혜와 슈르드를 개발한다. 또한 이 과정도 주입식 공부가 아니라 질문식 교육과 토론을 중심으로 진행한다. 호기심 많고 배우기를 갈망하는 사람은 늘 묻고 따지는 법이다. 이것이 영재교육의 보편적 특징이다. 홍익희의『유대인 자녀교육』에 나오는 내용이다.

예방이 먼저다

효율적인 공장 운영에서 중요하지만 간과하기 쉬운 항목이 하나 있다. 바로 보전Maintenance의 중요성이다. 기계가 제대로 돌아가게끔 하는 걸 보전이라고 하는데 두 종류가 있다. 기계에 문제가 생기기 전에 조치를 취하는 사전보전과 기계에 문제가 생긴 후 문제를 해결하는 사후보전이 그것이다. 어느 것이 더 중요할 것 같은가? 볼 것도 없이 사전보전이다. 기계는 갑자기 고장 나지 않는다. 사전에 소리가 커지든지, 열이 오르든지, 냄새가 나든지 여러 가지 이상신호를 보내는데 이를 감지하면 적은 비용으로 문제를 해결할 수 있다. 하지만 일단 기계에 문제가 생겨 정지한 기계를 고치려면 비용과 시간이 많이 든다. 고장 난 기계 때문에 공장 전체가 중단하기도 한다. 특히 자동차 공장처럼 흐름생산을 하는 곳은 더욱 그러하다.

사전보전의 중요성은 비단 기계에만 해당하는 건 아니다. 인간의 몸도 그렇다. 특히 비만은 사전예방이 중요하다. 군살은 쉽게 생기지만 빼기는 무척 어렵다. 군살이 생기기 전 미리 음식을 조절하고 활동량을 늘려야 한다. 건강도 그렇다. 건강도 갑자기 나빠지지 않는다. 여러 신호를 보내는데 대부분 사람들이 신호를 무시하다 병을 키운다. 호미로 막을 일을 가래로 막게 되는 것이다. 내가 생각하는 사전보전의 재정의는 '미리미리'다. 무엇이든 미리미리 준비하고 조치를 취해야 한다. 미리미리를 소홀히 하면 비용은 비용대로 깨지고 당사자는 당사자대로 고생을 하게 된다. 예방이 먼저다.

왜가 먼저다

이나모리 가즈오가 쓴 『왜 일하는가』라는 책이 있다. 사이먼 사이넥 등이 쓴 『나는 왜 이 일을 하는가』란 책도 있다. 둘 다 일하는 이유에 관한 책이다. 무슨 일을 하건 왜 그 일을 하는지가 제일 중요하다. 공부도 그렇다. 억지로 하는 공부와 스스로 필요성을 깨닫고 하는 공부에는 큰 차이가 있다. 결혼도 그렇고 운동도 그렇고 모든 일이 그렇다.

질문이 답변보다 중요한데 질문에도 순서가 필요하다. 가장 먼저 던져야 하는 질문은 '왜why'에 대한 질문이다. '왜'가 가장 중요하다. 왜 이 일을 하려 하는지 목적을 분명히 해야 한다. 결혼할 때도, 취직할 때도, 로스쿨 갈 때도 가장 중요한 건 이유다. 내가 왜 결혼을 하고, 취직을 하고, 로스쿨을 가려 하는지 이유를 물어야 한다. 이 질문이 최우선이다. 이 질문을 먼저 해야 하는 이유는 가장 중요하고 가장 어렵기 때문이다.

이게 명확하지 않으면 나머지 질문은 의미가 없다. 목적지에 도달한 후 '여기가 아닌가 보다.'라고 후회할 가능성도 있다. 목적지를 찾는 건 별거 아닌 것 같지만 사실 가장 어려운 일이다. 사실 이것에 대한 해법만 찾으면 나머지 질문은 상대적으로 쉽다. 다음 질문은 '무엇What'이다. 왜는 알았고 다음으로 무엇을 해야 할지를 질문하는 것이다. 이유는 알겠는데 이를 달성하기 위해 내가 할 일, 조직이 할 일, 하지 말아야 할 일이 무언지를 밝히는 무엇이다. 마지막은 방법how이다. 그 일을 어떻게 하는 것이 효율적인지 묻는 것이다.

어느 조직이든 미션, 비전, 전략이 있는데 미션이 먼저다. 미션은 이 조직이 존재하는 이유에 관한 것이다. 이 조직이 사라지면 어떤 일이 벌어지는지를 생각해야 한다. '왜'의 분야다. 비전은 우리 조직이 향하는 곳을 가리킨다. 목적지를 분명히 하는 것이다. '무엇'의 영역이다. 마지막 전략은 그 목적을 어떻게 이룰 것인지의 이슈다. '방법', 즉 '어떻게'를 생각해야 한다. 이 중 왜가 최상위 개념이고 다음은 무엇이고 마지막이 방법이다. 그렇다면 일을 잘한다는 걸 어떻게 정의할 수 있을까? 난 '일하는 이유를 명확히 하고 해야 할 일을 올바른 방식으로 하는 것Start with why, doing the right things right'으로 재정의한다. 처음은 왜, 다음은 무엇, 마지막은 어떻게다.

욕심을 버리면 행복해질까

운동과 식이요법을 오랫동안 계속한 지인이 "예전엔 먹고 싶은 게 많았는데 오랫동안 이런 생활을 하다 보니 먹고 싶은 게 없어 고민이다."란 말을 했다. 난 그 정도는 아니다. 하지만 오랫동안 음식에 관해 절제하려고 노력했다. 그렇게 좋아하던 튀김, 고로케, 티라미슈 같은 달달한 디저트, 삼겹살에 소주 같은 건 가능하면 쳐다보지 않으려 했다. 나이가 들어 소화 능력도 떨어지고 먹은 후 후유증이 있기 때문이다. 근데 예전처럼 참는 것이 힘들지도 않고 그런 음식 생각도 잘 나지 않는다. 먹고 싶은 것이 예전에 비해 확연히 줄었다.

근데 과연 그게 바람직한 것일까? 그래서 행복할까? 욕심을 버려야 행복하다는 것이 진리일까? 고통의 원인은 욕심이고 욕심이 사라지는 열반의 단계를 인간이 추구해야 하는 것일까? 난 동의하지 않는다. 음식에 대한 욕구는 생존에 대한 욕구이고 삶의 욕구 아닐까? 먹고 싶은 게 없다는 건 더 이상 살고 싶지 않다는 것 아닐까? 식탐은 피해야 하지만 음식에 대한 욕구가 사라지는 건 내가 원하는 목표는 아닌 것 같다. 뭔가 먹고 싶다는 욕구는 살아 있다는 증거 아닐까?

의식주

의식주衣食住는 옷이 먼저고 그다음이 먹는 것이고 마지막이 사는 집이란 뜻이다. 아무리 생각해도 말이 되지 않는다. 어떻게 옷이 가장 먼저일 수 있을까? 가장 우선인 것은 바로 먹는 것이다. 아기들은 언제 울까? 가장 참지 못하는 게 무엇일까? 바로 배고픔이다. 아기들은 다른 건 참아도 배고픈 건 절대 참지 않는다. 아무리 안아주고 달래도 듣지 않는다. 그건 성인도 다찬가지다. 인간은 동물이라 다른 무엇보다 먹는 게 우선이다. 입는 것과 사는 곳이 중요하다 한들 먹는 것에 비할 바 아니다.

근데 동양에서는 의식주란 말이 어떻게 생겼을까? 왜 이런 말이 되지 않는 순서를 받아들였을까? 그만큼 남의 눈과 체면이 중요하기 때문일 것이다. 근데 서양은 다르다. 처음 미국에 가서 이 말을 들었을 때의 기억이 생생하다. 미국인들은 늘 식의주food, clothing, shelter라고 표현한다. 먹는 것이 최우선이고 다음이 입는 것이며 마지막이 사는 곳이다. 생존에서 가장 필요한 건 먹는 것이란 것이다. 서양은 현실을 반영했고 우리에겐 체면이 그단큼 중요한 것이다. 말의 순서를 보면 가치관을 알 수 있다.

인격과 명성

인간은 재색명리財色名利를 추구한다. 근데 현실은 다른 얘기를 한다. 외면보다는 내면을 중시하라 하고 명성보다는 자기 인격에 관심을 두어야 한다고 말한다. 인격과 명성은 어떤 관계에 있을까? 인격은 내가 누구인지 말해주는 것이고 명성은 그런 나에 대한 다른 사람들의 생각을 말해준다. 근데 순서는 어떨까? 무엇이 먼저일까? 난 당연히 인격이 먼저라고 생각한다. 인격을 갖추면 명성은 따라온다. 하지만 명성이 있다고 인격이 쫓아오진 않는다. 명성은 대단히 중요하다. 그러나 그 명성이란 건 인격에 기초해야 한다. 그 사람의 인격에 감동한 사람들이 서서히 소문을 내면서 만들어진 명성이 진짜 명성이다.

근데 그렇지 않은 경우가 참 많다. 갑자기 뜬 가수나 유튜버, 줄을 잘 서서 된 국회의원이나 정치인, 의도적으로 만들어진 이름 등은 위험하다. 준비되지 않은 상태에서 정상에 오르면 저격수가 이들을 가만두지 않는다. 그들의 과거를 까발리고 숨기고 싶은 걸 귀신같이 찾아낸다. 그래서 난 유명해지는 걸 두려워한다. 허명이 가장 무섭다. 내가 생각하는 나와 남들이 생각하는 나 사이에 거품이 있는 걸 견디지 못한다. 명성보다 먼저 인격을 갖추고 싶다.

인생의 의미

니체는 인생의 의미를 묻는 질문은 잘못된 질문이라고 주장한다. 인생의 의미를 찾지 않을 때 인생의 의미를 알 수 있다는 말이다. 참으로 역설적이다. '인생의 의미'를 운운하는 이유는 그만큼 사는 것이 힘들기 때문이다. 인생이 즐거운 사람은 인생의 의미 따윈 물어보지 않는다. 니체는 인간 정신을 세 단계로 구분한다. 낙타, 사자, 어린아이가 그것이다. 낙타는 사막에서 무거운 짐을 지고 아무 불만없이 뚜벅뚜벅 걸어가는 동물이다. 인내와 순종의 대명사이다. 낙타는 사회 가치와 규범을 절대적 진리로 알고 무조건 복종한다. 사자는 한 단계 진일보한다. 기존 가치에 의문을 품고 저항한다. 하지만 새로운 가치를 창조하지는 못한다. 기존 가치와 의미는 무너뜨렸지만 "왜 살아야 하는가?"라는 물음에 대한 답은 없다. 견디기 어려운 상태다. 무기력하고 우울한 나날이다. 이를 극복하고 새로운 활력을 회복한 상태를 아이의 정신으로 부른다. 아이들은 삶에 대해 심각하게 생각하지 않는다. 하루하루 인생을 놀이처럼 즐길 뿐이다. "인생이란 무엇인가? 왜 살아야 하는가?" 같은 질문은 던지지 않는다. 사람들은 언제 이 질문을 던질까? 재미가 사라졌지만 계속 놀이를 해야 할 때 이 질문을 던진다.

인생이 그렇다. 인생을 재미난 놀이로 여기는 사람은 이따위 질문은 하지 않는다. 삶이란 놀이를 즐길 뿐이다. 삶의 의미를 자꾸 묻는 것은 그만큼 삶이 재미없어졌기 때문이다. 삶이 무거운 짐으로 느껴졌기 때문이다. 인생의 의미에 대한 물음은 재미있게 살아갈 때 비로소 해소될 수 있다. 의미에 대한 질문은 어떤 이론적인 답을 통해서도 해결할 수 있다. 그런 물음 자체가 일어나지 않는 상태로 삶을 변화시킬 때만 해결할 수 있다. 산을 오를 때 의미를 묻는가? 그렇지 않다. 산이 좋으니까 오르는 것이다. 인생도 그렇다. 행복하기 위해서는 심각한 질문 대신 삶을 즐기는 데 초점을 맞추어야 한다. 박찬국의 『사는 게 힘드냐고 니체가 물었다』에 나오는 얘기다.

인수인계의 순서

조직에서 자주 하는 행위 중 하나는 인수인계다. 자신이 하는 일을 남에게 전하고 자신은 떠나거나 다른 일을 맡게 된다. 근데 인수인계의 품질에 따라 일의 품질이 달라진다. 충실하게 인수인계를 하면 차질 없이 일이 순조롭게 진행되지만 인수인계가 엉망이면 일 또한 엉망이 된다. 근데 어떻게 인수인계를 하는 게 좋을까? 관련해 파주 한소망교회 류영모 목사가 후임 최봉규 목사에게 한 인수인계 관련 기사를 봤는데 흥미로웠다. 승계의 4단계가 있다.

1단계는 "내가 할 테니 너는 지켜봐라I do, you see." 본인이 하는 걸 후임이 와서 보라는 것이다. 일단 보는 것이 먼저다. 대부분 이렇게 하지 않는다. 볼 기회 없이 말로만 한다. 당연히 어떻게 해야 할지 그림을 그리기 어렵다.

2단계는 "내가 할 테니 너는 도와라 I do, you help." 내가 하고 후임은 도우라는 것이다. 어느 정도 봤으니 조금씩 일에 관여하라는 것이다. 보는 것과 실제 일하는 건 다르기 때문이다. 일하면서 느끼라는 것이다.

3단계는 "네가 하면 내가 돕겠다 You do, I help." 어느 정도 시간이 지났으니 이제는 당신이 직접 해보라는 말이다. 힘든 일이나 어려운 상황이 있으면 옆에서 본인이 돕겠다는 것이다. 보조로 일하는 것과 주인공이 되어 일하는 건 완전히 다르다. 하지만 리스크를 줄이기 위해 당분간 옆에서 돕겠다는 것이다.

4단계는 "네가 하면 내가 지켜보겠다You do, I see." 이제는 혼자 알아서 하라는 것이다. 나는 그냥 지켜보다 어느 순간 떠나겠다는 것이다.

짧지만 강력하고 기억에 남는 인수인계다. 현재 이 교회의 교인은 1만 6,000명이란다. 이외에도 몇 가지 팁을 남겼다. 2~3분 안에 청중이 집중하지 못하면 실패한 설교다. 단에 올라설 때는 링에 올라가는 챔피언처럼 영적, 정신적, 육체적, 관계적으로 최고로 만들어라. 명품 유머와 예화를 준비하라. 웃을 때 영혼이 치유되는 법이다.

인연

인연因緣은 인할 인因, 인연 연緣이다. 여기서 인 자는 '사람이 갇히게 된 것은 다 이유가 있다.' 정도로 해석하면 좋다. 원인 할 때의 그 인이다. 내가 생각하는 인연은 '인이 연으로 이어지는 것'이다. 인이 연으로 이어지면 인연이고 인이 연으르 이어지지 않으면 인만 존재한다. 인연이 늘 좋은 건 아니다. 잘못 인연을 맺으면 그 인연은 비극으로 이어질 수도 있다. 여러분에게 가장 소중한 인연은 무엇인가?

일을 잘한다는 것

위기에 처한 IBM을 회생시킨 것은 1993년에 신임 회장으로 취임한 루이스 거스너였다. 거스너는 기자회견에서 '공장 폐쇄, 직원 감축, 제품 가격 상승' 계획을 발표했다. 이에 어느 기자가 IBM의 새로운 비전은 없는지를 물었다. 성격이 비딱했던 거스너는 "지금 IBM은 집중치료실에 있는 중환자와 같아 모든 조치가 필요하지만 단 한 가지 유일하게 필요 없는 것이 있는데 그게 바로 비전입니다." 라고 대답했다. 전통적 구조조정이지만 거스너의 혁신이 성공한 이유는 순서 때문이다.

그가 IBM에 와서 가장 먼저 한 일은 직접 엑셀 프로그램을 이용해 채무액과 현금 흐름을 확인했다. 그러고 나서 "공장을 폐쇄하라." "1만 5,000명을 감축하라." "이 상품군은 전부 매각하라." "이 상품라인은 가격 저항이 적으니 1.5배로 가격을 올려라." 하고 현장에 뛰어들어 지시했다. 그리고 이 모든 일이 일단락될 즈음 고객을 찾아다니면서 "IBM의 어떤 점이 마음에 안 드십니까?" 하고 직접 물었다. 그리고 마지막으로는 e비즈니스라는 신규 사업을 제안한 뒤 실무진이 적극적이고 효율적으로 업무를 추진할 수 있도록 권한을 전폭 위임했다. 이 신규 사업이 결국 오늘날의 IBM을 만들었다. 야마구치 슈와 구스노키 겐의 공저 『일을 잘한다는 것』에 나온 내용이다.

일의 순서

세상에는 세 종류의 일이 있다. 첫째는 해야만 하는 일이다. 학생은 공부를 해야 하고 직장인은 일을 해야 하고 주부는 살림을 해야 한다. 해야만 하는 일은 대부분 재미없고 힘들다. 그래서 가급적 피하고 싶어 한다. 둘째는 하면 좋은 일이다. 꼭 해야만 하는 일은 아니지만 하면 나 자신과 남에게 도움이 되는 일이다. 대표적인 것이 종교활동과 봉사 등이다. 마지막은 하고 싶은 일이다. 여행과 등산 같은 취미활동이다. 하고 싶은 일은 누가 강요하지 않아도 알아서 한다. 이 중 우선순위가 가장 높은 일은 무엇일까? 당연히 해야만 하는 일이다. 무엇보다 이를 가장 먼저 해야 한다. 근데 순서가 뒤바뀌면 곤란하다. 남을 돕느라 자식 밥을 먹이지 않으면 문제다. 여행을 다니느라 회사 일을 게을리하는 건 곤란하다. 하고 싶은 일과 하면 좋은 일을 하느라 정작 해야만 할 일을 하지 않는 것이 바로 게으름이고 어리석음이다.

좋아하는 것과 잘하는 것은 결과 변수다. 처음부터 자신이 무얼 좋아하고 잘하는지 아는 사람은 극소수다. 대부분은 자신이 무얼 좋아하는지, 잘하는지 알기 어렵다. 무언가를 하다 보니 좋아하거나 잘한다는 사실을 알게 된다. 물론 싫어하는 것만 발견하기도 한다. 그렇기 때문에 자신의 현재가 어느 상태인지 파악하는 게 중요하다. 처음부터 좋아하는 일과 꿈이 확실한 사람은 좋아하는 걸 하면 된다. 대부분은 뭔가를 하면서 꿈을 찾아야 한다. 일을 하면서 자신이 무얼 잘하는지, 무얼 싫어하는지 들여다보고 궤도를 수정해야 한다. 정답은 없지만 순서는 있다.

"좋아하는 일을 하려면 해야 할 일부터 하라. 그다음에는 가능한 일을 하라. 그러면 어느 순간 불가능해 보이던 일을 하게 된다." 아시시의 성자 프란체스코의 말이다.

내 주장은 이렇다. 해야만 하는 일을 우선 하라. 무슨 일을 하느냐보다 그 일을 어떻게 하느냐가 더 중요하다. 평범한 일을 비범하게 하면 사람들의 인정을 받을 수 있고 그 과정에서 당신의 자존감도 올라갈 것이다. 좋은 기회가 올 것이고 어느 순간 좋아하는 일을 하면서 살 수 있을 것이다. 만약 해야만 하는 일을 하지 않고 좋아하는 일만을 찾으면 세월만 흘러 후회하는 삶을 살 것이다.

일이 구원이다

자동문 사업을 하는 이 사장이 있다. 그는 누나만 위로 죽 있는 집에서 막내로 태어났고 젊은 시절 사고뭉치였다. 가난하고 구질구질한 살림도, 외아들이 주는 부담감도 싫어 삐딱하게 나갔다. 한번은 친구들과 2주간 가출을 했다 돌아왔는데 아버지는 아무 소리를 하지 않았고 어머니는 두부두루치기까지 끓여주셨다. 없는 살림에 어떻게 그런 음식을 해주셨는지 이해할 수 없었다. 격투기를 한 때문에 쌈질도 많이 했다. 제대를 한 후에도 달라진 건 없었다. 자살 충동도 여러 번 느꼈다. 일도 재미없었다. 힘만 들고 돈도 되지 않았다. 근데 몇 년이 지나면서 서서히 일이 재미있어졌다. 일을 잘하니 칭찬도 받고 돈도 생기기 시작했다. 그러다 독립을 해 오늘에 이르렀다. 제법 괜찮은 회사 사장이 된 것이다. 그는 늘 이렇게 얘기한다. "일이 나를 구원했습니다. 내가 만약 이런 일을 하지 않았다면 난 이 세상 사람이 아닐지도 모릅니다."

성공하려면 좋아하는 일을 해야 한다. 근데 왜 그 일을 좋아하는 걸까? 천성적으로? 그럴 수도 있지만 남들보다 잘하기 때문이다. 좋아하는 일의 대부분은 내가 잘하는 일이다. 잘하니까 좋아하고 좋아해서 자꾸 하다 보니까 더 잘하는 것이다. 반대로 못하는데 좋아하기는 쉽지 않다. 잘 못하면 좋아하기 어렵다. 잘 못해도 해야만 하는 경우가 있다. 먹고살기 위해서 혹은 생계가 달려 있을 때가 그렇다. 단기적으로 할 수 있어도 장기적으로 하기는 어렵다. 당연히 꾸준히 할 수 없다. 억지로 의사가 된 사람과 천성적으로 수술을 즐기는 사람이 경쟁이 될 수는 없다. 좋아한다는 것의 전제조건은 잘하는 것이다. 잘하니까 좋아하고 좋아해서 꾸준히 하다 보니까 더 잘하는 것이다. 정말 중요한 건 꾸준히 계속하는 힘이다.

일하는 순서

자기계발서를 많이 쓴 팀 페리스는 일하는 순서에 대한 생각도 많이 한 것 같다. 그가 쓰는 DSSS를 소개하면 다음과 같다. 첫째, 디스트럭션Destruction이다. 할 일을 해체하는 것이다. 할 일을 작은 덩어리로 나누어 생각한다는 뜻이다. 둘째, 셀렉션Selection이다. 어떤 일을 할 것인가를 결정하는 것인데 기준점은 레버리지 효과가 큰 것부터 하는 것이다. 셋째, 시퀀스Sequence다. 순서를 정하는 것이다. 순서는 명확하다. 킹핀을 먼저 정해야 한다. 킹핀을 쓰러뜨려야 다른 핀도 쓰러뜨릴 수 있다. 마지막은 스테이크Stake이다. 환경설정을 하자는 것이다. 그 일을 해야만 하는, 하지 않으면 안 되는 환경을 만들자는 것이다. 뻔한 얘기지만 많은 사람이 실천하지 못하고 있다.

임파워먼트

리더십 교육을 할 때 가장 자주 등장하는 메뉴가 임파워먼트다. 부하는 "일을 잘하고 싶은데 상사가 임파워먼트를 하지 않고 마이크로 매니지먼트를 해서 괴롭다."라는 것이고 상사는 "임파워먼트를 이미 다 했다. 그런데 왜 임파워먼트 얘기가 또 나오는지 이해할 수 없다."라는 것이다. 그렇다면 누구 말이 옳은 것일까? 임파워먼트의 중요성은 아무리 강조해도 지나치지 않다. 근데 왜 임파워먼트에 대한 생각이 다른 것일까? 핵심 이슈는 신뢰다. 믿고 맡길 사람이 있으면 하지 말라고 해도 할 것이다. 반대로 믿음이 가지 않으면 맡긴 후에도 자꾸 들여다보게 될 것이다.

임파워먼트를 할 때 가장 먼저 할 일은 회사에서 "누가 이 일을 제일 잘하지?"란 질문을 던지는 것이다. 나보다 이 일을 더 잘하는 사람을 찾는 것이다. 근데 대부분 여기에서 막힌다. 당연히 이 일을 뛰어나게 잘하는 슈퍼스타가 오면 자연스럽게 임파워먼트는 이루어진다. 더 이상 임파워먼트를 안 해줬다고 상사에게 불평하지 마라. 그는 안 한 게 아니라 못한 것이고 이유는 대부분 당신에게 있다. 아직 당신은 신뢰를 얻지 못하고 있는 것이다. 신뢰 확보가 먼저고 다음이 임파워먼트다.

잊는 순서

"제일 먼저 이름을 잊는다. 다음에는 얼굴을 잊는다. 이어 바지 지퍼 올리는 걸 잊고 다음엔 지퍼 내리는 걸 잊는다." 독일 법학자 레오 로젠베르크의 말이다.

"잊는 순서가 있다. 첫째, 고유명사와 보통명사이다. 사람 이름, 전화번호 같은 것은 잘 잊는다. 생각나지 않는다. 둘째, 형용사와 부사다. 문장력이 줄어든다. 소통 능력이 떨어진다. 마지막은 동사다. 이건 오래간다. 배가 고프다, 어디가 아프다 같은 말은 잊기 어렵다." 김형석 교수의 말이다.

8

ㅈ

자리이타와 이타자리

택시를 탔는데 기사 얼굴이 무척 피곤해 보였다. 말을 걸었더니 사연이 나온다. 빚만 없어도 살 것 같다는 것이다. 왜 빚을 졌냐는 질문에 이렇게 말한다. "아들 하나 있는데 공부를 못했어요. 근데 유학을 원해 호주에 몇 년간 유학을 보냈어요. 요즘 돌아와 취직은 했는데 그놈 때문에 2억 정도 빚을 졌어요. 택시로 버는 돈은 주로 이자로 나갑니다. 정말 빚만 없어도 살 것 같아요." 기사 말을 들으며 참 분수에 넘는 행동을 했다는 생각이 들었다. 부모 입장을 이해는 하지만 나중에 자식은 부모에 대해 어떻게 생각할까? 고마워할까? 자식 입장에서 무능한 부모는 큰 짐이다. 부모 생각만 해도 뒷골이 당길 가능성이 높다. 바둑에 "아생연후살타_{我生然後殺他}"란 말이 있다. 내가 먼저 살고 이후에 다른 것을 죽이라는 말이다. 내가 살아야 자식도 살 수 있다. 내가 무능하면 온전히 그 부담이 자식에게 간다. 백세 시대 최고의 가치는 경제적으로 육체적으로 자식에게 부담이 되지 않는 것이다. 그게 부모의 도리다.

불교는 자리이타$_{自利利他}$ 정신을 강조한다. 자신에게 이로운 것이 남에게도 이롭다는 말이다. 중요한 것은 순서다. 우선 자신에게 이로워야 한다. 비행기에서는 비상 착륙 시 엄마가 먼저 산소호흡기를 착용하고 이어 아기에게 산소호흡기를 채우라는 안내방송이 나온다. 엄마가 정신을 차려야 아기도 살릴 수 있다. 자신을 버려둔 채 아기만 신경을 쓰면 둘 다 죽을 수 있다. 이게 자리이타 정신이다. 자신이 먼저 깨달음을 얻은 후 다른 사람을 깨울 수 있다. 근데 기업은 반대다. 자리이타가 아니라 이타자리다. 남을 먼저 이롭게 해야 하고 그게 결국 기업에 도움이 된다. 고객을 만족시키면 만족한 고객이 나를 찾으면서 사업이 번창하면서 결국 내게 유익이 된다. 제약회사 머크는 이런 철학을 갖고 있다. "약은 환자를 위해 존재한다. 환자를 위하다 보면 이익은 저절로 생긴다." 자신을 위해 갈 수 있는 곳에는 한계가 있다. 하지만 누군가를 기쁘게 해주기 위해서라면 우리는 더 멀리 갈 수 있다.

자만, 오만, 교만

자만$_{自慢}$은 스스로 만족하며 뽐내는 태도다. 자기 능력이나 업적에 대해 지나치게 자부심을 갖는 것을 뜻한다. 오만$_{傲慢}$은 거만하고 남의 말을 듣지 않고 남을 무시하는 태도다. 다른 사람에 대한 배려가 없고 자신을 대단한 사람으로 여긴다. 혼자만의 문제에서 진일보해서 남에게 불쾌감을 준다. 교만驕慢은 지나치게 거만하고 겸손하지 않은 태도다. 자만과 오만을 포함한다. 자신에 대한 과도한 우월감과 타인을 깔보는 태도를 아우른다. 근터 셋은 모두 갑자기 생기는 것 같지 않다. 일정한 과정을 거쳐 그렇게 되는 것 같다. 가장 먼저 오는 건 자만일 거 같다. 자만이 오만을 불러오고 오만이 교만을 불러오지 않을까? 자만은 글자 그대로 스스로 뽐내고 자랑하는 것이고 오만은 남의 말을 듣지 않는 것이고 교만은 옆에 사람이 안 보이는 것이다.

『서경』에 "만초손慢招損 겸수익謙受益"이라는 말이 나온다. 교만은 손해를 부르고 겸손은 이익을 얻는다는 뜻이다. "선유자익善游者溺 선기자추善騎者墜"는 수영을 잘하는 사람이 물에 빠져 죽고 말 잘 타는 사람이 말에서 떨어져 죽는다는 뜻이다. 『한비자』에 나오는 말이다. "오만이 앞서면 치욕이 뒤따른다Pride goes before, shame follows after."라는 말도 있다. 이처럼 교만의 위험을 경고하는 격언이 많은데 수많은 사람이 교만이란 전철을 반복하는 이유는 무엇일까? 나는 교만은 군살과 같다고 생각한다. 군살은 방치의 결과다. 무슨 의도를 갖고 한 행위가 아니다. 그냥 놔두면 군살이 생기는 법이다. 교만하고 싶어서 교만해지는 것이 아니라 교만해지는 것을 방치했기 때문에 교만해지는 것이다. 교만은 마치 잡초와 같아서 하지 않아도 저절로 자라나 나를 망친다.

작게 시작하라

론 프리드먼의 저서 『역설계』에 나오는 다음 대목을 먼저 인용한다. "뭔가 새로운 일에 도전하고 싶은가? 그렇다면 자신이 잘하는 일로부터 작게 시작해 서서히 영역을 넓혀가는 게 좋다. 린다 와인먼은 특수효과 애니메이터이고 얼리 어댑터다. 애플의 열렬 팬이다. 컴퓨터 관련 기술을 가르쳐달라는 요청이 왔고 가르치는 일을 부업으로 했는데 적성에 맞았다. 괜찮은 교재가 없다는 걸 알고 그래픽 디자인 관련 책을 썼다. 이 책이 성공을 거두면서 많은 강의 요청이 왔고 그걸 바탕으로 주일 집중강좌와 주말 강좌를 만든다. 비디오를 만들어 파는 린다닷컴을 만들어 운영하다 링크드인에 15억 달러에 팔았다. 자신의 관심사와 적성에 따라 움직이면서 새로운 기술을 익혔고 교육하는 방식을 다각화했다. 봉급을 받으며 일하는 동시에 직장 바깥에서 리스크를 감수한 것이다."

새해 가장 많이 하는 결심은 운동이나 다이어트다. 1월 1일부터 헬스장에 등록하거나 급격히 식사량을 줄인다. 그러나 몇 주 후 헬스장 가는 횟수가 줄고 식사량도 원상 복귀하면서 요요가 온다. 너무 흔하게 보는 현상이다. 왜 이런 일을 반복할까? 뭐가 잘못된 것일까? 내가 생각하는 실패의 가장 큰 이유는 순서다. 순서가 틀렸기 때문에 실패하는 것이다. 작게 시작해 점차 크게 해야 하는데 처음부터 너무 크게 시작한 게 패착이다. 처음부터 헬스장에 등록하는 건 너무 큰 행동이다. 이보다는 작고 간단한 것부터 하는 게 좋다. 식사를 줄이는 것, 식사 후 바로 소파에 앉는 대신 조금 걸어보는 것, 차를 버리고 버스를 타는 것, 에스컬레이터 대신 걸어서 계단을 올라가는 것 등등. 별것 아니고 아주 작은 변화지만 제법 효과가 있다. 이렇게 작은 약속을 실천하면 일단 자신감이 생긴다. 이를 바탕으로 조금씩 강도를 높여가면 성공 확률이 높아진다.

독서도 그렇다. 어려운 책, 두꺼운 책을 갖고 책상 앞에 앉아 첫 장부터 펼 필요는 없다. 조만간 질릴 가능성이 있다. 오랫동안 책을 읽지 않던 사람이 무슨 수로 두껍고 재미없는 책을 읽겠는가? 독서 역시 작고 쉽게 시작해야 한다. 쉬운 것과 보고 싶은 부분만 뽑아보는 것이다. 목적에 따라 필요한 부분만 먼저 읽는 것이다. 흥미가 생기지 않으면 중단하고 대신 흥미가 생기면 점차 다른 부분까지 읽는 것이다.

또 다른 방법은 책 대신 만화나 요약본을 먼저 보는 것이다. 배달의민족 김봉진 대표는 어렵거나 낯선 분야의 책을 읽기 전 어린이 또는 청소년을 위한 해설서나 만화책 등으로 먼저 보라고 말한다. 그럼 호기심이 생긴다는 것이다. 내가 생각하는 호기심은 '아는 것과 알고 싶은 것 사이의 갭을 줄이는 행위'다. 만화나 요약본이 알고 싶은 욕구를 만들어주는 것이다. 뭐든 크게 시작하면 실패할 가능성이 크다. 사업도 독서도 운동도 그렇다. 뭐든 작게 시작해야 한다. 그런 면에서 "시작은 미약하나 끝은 창대하리라."라는 『성경』 말씀은 진리 중 진리다.

잠재력을 끌어내는 법

보통 체스 챔피언은 일찍 선발되어 엄청난 훈련을 한다. 그런데 레이징룩스 학교의 체스팀 코치 모리스 애슐리는 달랐다. 불우한 환경의 아이들에게 게임 규칙부터 가르치면 지루하고 흥미를 잃기 때문에 게임 막판에 상대를 외통수에 몰아넣는 다양한 방법을 가르쳤다. 아이들은 흥미를 느껴 배우려는 열의로 달아올랐다. 이 방법은 일종의 임시 구조물인 비계인 셈이다. 학생들에게 재미를 느끼게 하려고 체스로 만화를 그리거나 공상과학 이야기를 쓰게 하는 식으로 체스를 갖고 놀게 했다. 애슐리는 가난한 우범 지대에서 자란 아이들에게 재미와 함께 의지와 집중력을 길러주었다.

레이징룩스 체스팀이 시합에 나갔을 때 다른 선수들은 심리적 압박에서 서두르거나 감정을 드러내는 데 반해 이들은 차분했고 냉철하기가 프로 선수들 같았다. 체스를 통해 품성을 발달시키고 집중력을 향상한 이들은 성인이 된 후 창업하거나 석박사 학위를 받았고 전문가로 성공했다. 이런 자제력, 주도력, 친화력 같은 품성 기량이 인지 역량보다 성공에 훨씬 크게 작용한 것이다. 레이징룩스 체스팀은 품성 기량이 대단한 성취를 가능케 한다는 사실과 그걸 기르는 데 늦은 나이는 없다는 사실을 보여준다.

배움으로 잠재력을 잘 발휘한 대표적 예가 다언어 구사자다. 이들이 외국어를 터득한 비결은 똑똑해서가 아니라 감정적 장애물인 불편함을 걷어냈기 때문이다. 그들은 불편해도 용기를 내고 익숙한 방법을 포기하고 시도하고 실수할 각오를 하는 기량을 갖췄다. 유명한 코미디언 스티브 마틴은 처음 스탠딩 코미디에서 잘 웃기지 못했다. 농담해도 청중의 웃음이 안 터지고 썰렁했다. 그러다 농담을 글로 먼저 쓰는 방법을 터득했다. 물론 처음엔 글쓰기도 잘하지 못해 싫어했지만 고통을 견뎠고 어느새 자기도 모르게 글쓰기를 통해서 공연 실력이 나아졌다. 군더더기가 줄고 핵심을 잡아내고 이야기 순서에 짜임새가 있었다.

사람들은 글쓰기를 주저한다. 쉽지 않기 때문이다. 하지만 글쓰기는 소통 수단 이상이다. 바로 학습 도구다. 글쓰기를 하면 지식과 논리 사이의 틈이 노출된다. 설득력 있게 표현하고 반박 논리를 개발하는 것도 가능해진다. 심리학자 테드 르소는 이렇게 말했다. "편안하게 느껴지면 잘못하고 있다. 불편함을 감수해야 한다. 듣고 보는 것이 읽는 것보다는 편하지만 읽는 편이 훨씬 이해와 기억을 높인다. 논리적 사고를 훨씬 더 활용하는 데 독서만 한 게 없다." 애덤 그랜드의 저서 『히든 포텐셜』에 나오는 얘기다.

재미가 먼저다

미국에 사는 손자가 한국에 한 달간 머물렀다. 미국에서 피아노를 배우는데 한국에서도 배우고 싶어 해 동네 피아노 학원에 보냈다. 딸이 두 나라 교육의 차이에 대해 이렇게 말했다. "미국은 일단 아는 노래를 치게 해요. 손가락 모양이니 다른 건 다 무시하고 건반을 두들기면서 아는 노래를 연주하게 해요. 그래서 애가 학원 가는 걸 재밌어 해요. 근데 한국은 건반 치는 방법, 손가락 모양 같은 스킬에 집중해요. 그래서 애가 별로 재미없어 하네요." 미국은 재미, 한국은 기본기가 먼저라는 것이다. 무엇이 먼저일까? 모든 것에 해당하지는 않지만 재미를 먼저 생각하면 다음은 훨씬 쉽지 않을까 하는 게 내 생각이다. 관련해 리처드 파인먼의 학습 4단계를 소개한다.

첫째, 배우고 싶은 주제나 개념을 선택한다. 그 주제와 개념에 관해 아는 걸 모두 적는다. 혹은 관련 정보를 찾아본다. 둘째, 이를 12세 아이에게 설명한다고 생각하며 자기 말로 표현해본다. 아이를 이해시키려면 설명하는 사람이 개념을 깊이 이해하고 개념 간 관계와 연관성을 단순화할 줄 알아야 한다. 복잡하면 안 된다. 간단한 용어만 사용해야 한다. 그러기 위해 노력하다 보면 자신이 모르는 것이 무엇인지 분명히 알 수 있다. 능력의 한계를 발견하는 건데 자기 지식의 한계를 아는 것이 지혜의 출발점이다. 셋째, 이해의 틈새를 확인하고 보완한다. 설명이 효과적인지, 어떤 질문을 하는지, 어떤 부분을 이해하지 못하는지를 확인하면서 추가로 학습하고 틈새를 보완한다. 12세 아이를 이해시킬 수 있을 때까지 이 과정을 반복한다. 넷째, 주제나 개념을 정리해서 저장한다. 비유 등을 사용해 개념을 더 쉽게 이해할 수 있도록 다듬는다.

물론 이게 모든 분야에 적용되는 것 같지는 않다. 대표적인 게 골프다. 골프는 처음에 좋은 선생을 만나 제대로 배워야 한다. 자세도 스윙도 그립 잡는 것도. 나처럼 엉터리로 배우고 잘못된 자세가 정착되면 다음에는 교정이 불가하다. 더 이상 실력이 늘지 않는다. 재미가 중요하긴 하지만 모든 것에 적용되는 것 같지는 않다.

재색명리

재색명리財色名利는 인간의 모든 욕구를 나타낸다. 돈, 이성, 명예, 이익에 대한 욕구가 그것이다. 그중 가장 앞이 재물이다. 실제 그렇다. 돈이 가장 중요하다. 돈 앞에 장사 없다. 근데 사람들은 이 사실을 인정하지 않는다. 흔히 돈 문제가 아니라고 한다거나 돈 따위에는 별 관심이 없다는 식으로 얘기하다 나중에 들통난다. 부귀영화富貴榮華란 말을 봐도 가장 먼저 돈이 나온다. 왜 이런 글자가 나왔을까? 그만큼 돈이 중요하기 때문이다. 색도 돈이 있어야 가능하다. 돈이 있으면 이성이 붙지만 가난한 사람에게 이성은 붙지 않는다. 명예는 그다음이다. 먹고살기 힘든 사람에게 명예는 헛일일 수 있다.

팔자는 재財, 관官, 인印 3요소의 함수다. 재는 돈이고 관은 벼슬이고 인은 학문이다. 재, 관, 인이 골고루 있는 팔자가 좋은 팔자. 근데 서로가 서로에게 영향을 준다. 가장 중요한 건 재다. 돈이 있어야 공부할 수 있고 공부를 잘해야 벼슬을 할 수 있다. 3대가 덕을 쌓아야 대학자가 나온다는 말은 그래서 나왔다. 먹고살기 바쁜 집안에서 공부에 전념하기는 쉽지 않다. 먹고사는 문제로부터 자유로워야 공부할 수 있고 벼슬을 하면서 부를 지킬 수 있다. 그런 면에서 재물이 먼저다. 그다음이 학문이고 마지막이 벼슬이다.

저출생 고령화

미래 예측을 좋아하지 않는다. 그래서 연초마다 하는 경제예측 강의는 거의 듣지 않는다. 하나 마나 한 얘기이기 때문이다. 그럼에도 불구하고 미래를 예측할 때 가장 중요한 요소가 있다. 바로 인구 변화다. 인구가 변화한다는 건 고객이 변화한다는 말이다. 그건 곧 시장의 변화와 산업의 변화로 이어진다. 애를 낳지 않으면 유아복이 안 팔리고 이어 유치원이 사양산업이 될 것이고 얼마 후 학교가 문을 닫고 20년 후에는 대학이 문을 닫는 건 명약관화하다. 이미 대학에는 그런 일이 일어나고 있다. 동남아 학생들이 오지 않으면 꽤 많은 대학이 망할 것이다. 그래서 인구변화는 초미의 관심사다.

근데 이상한 게 하나 있다. 인구문제를 얘기할 때 늘 '저출생 고령화'의 순서로 얘기한다는 것이다. 왜 '고령화 저출생'이라고 얘기하지 않을까? 저출생이 먼저고 고령화가 나중이기 때문이다. 고령화는 갑자기 일어나지 않는다. 평균 수명이 어느 날 갑자기 열 살 늘지는 않는 법이다. 출생률의 감소 속도가 고령화 속도보다 빠르다. 그럼 유소년층 인구가 줄고 상대적으로 노인 비율이 높아지면서 고령화가 진행되는 것이다. 지금 우리는 그런 변화를 피부로 느끼며 산다. 앞으로는 지하철에 노인을 위한 경로석 대신 아이를 위한 유아석을 만들어야 할 것이다. 그만큼 아이 보기가 어렵다.

절차탁마

"나름의 계획과 준비가 중요하다. 나만의 정과 망치를 가져야 한다. 떼어내고, 조각하고, 다듬고, 윤을 내야 한다. 윤내기는 작품의 마지막 단계다. 인생에 비유하자면 온갖 시련을 견뎌내고 성공한 사람의 얼굴과 같다. 그런 사람의 얼굴은 성취감으로 빛이 난다. 하지만 대리석에 윤을 내는 작업은 반드시 마지막에 행해져야 한다. 윤을 내기 전 우선 깎아내고 조각하고 다듬어야 한다. 대리석에 윤부터 낸다면 아무것도 완성하지 못한다. 윤을 내기 전 우선 깎아내고 조각하고 다듬어야 한다. 우리 삶도 그렇다. 필요 없는 것을 떼어내고 다듬으며 인생을 조각하는 것이다. 사람들과 어울리고 정보를 받아들이고 삶에 형태를 부여해야 한다. 그다음에 삶의 거친 부분이 역경과 고통을 통해 다듬어지도록 해야 한다." 크리스 와이드너의 저서 『피렌체 특강』에 나온 내용이다.

윤을 내기 전 갈고 다듬어야 한다는 것이다. 난 이 얘길 들으면서 절차탁마切磋琢磨를 연상했다. 절차탁마는 끊을 절切, 갈 차磋, 다듬을 탁琢, 갈 마磨로 되어 있다. 자르고 차이 나는 부분을 없애고 쪼고 갈라는 말이다. 뭐든 순서가 중요하다.

정신이 없어서 바쁜 것일까, 바빠서 정신이 없는 것일까

정신없이 바쁘다는 말을 자주 하고 자주 듣는다. 도대체 이게 무슨 말일까? 정신없이 바쁘다니? 바빠서 정신이 없는 것일까, 아니면 정신이 없으니까 바쁜 것일까? 난 둘 다 맞다고 생각한다. 바쁘다는 것의 한자말은 망忙이다. 마음 심忄 + 죽을 망亡이다. 마음이 죽었다는 것이니 정신줄을 놓았다는 뜻이다. 바쁘다는 말 안에 이미 정신없다는 뜻이 있다. 정신이 없으니까 정신없이 이 일 저 일에 끌려다니는 것이다. 정신이 있다면 바쁘기 이전에 왜 그렇게 바빠야 할지 따져볼 것이다. 또 바쁘면 정신을 잃게 된다. 숨 돌릴 틈 없이 바쁘다 보니까 나중에 왜 자신이 이렇게 바쁘게 살아야 하는지 목적을 잊게 되는 것이다.

"바쁘게 살다 감옥에 들어가니 시간이 많았다. 자연스럽게 그 동안의 생활을 반추하게 되었다. 그러자 나 자신이 어떤 사람이었는지, 내 행동이 얼마나 부질없는 행동이었는지, 나 자신이 그렇게 형편없는 인간이었는지에 대한 깨달음이 왔다. 정말 아찔하고 창피했다." 정치인 정두언의 고백이다. "사람들이 바쁘게 사는 이유는 생각을 하지 않기 위해서다." 파스칼이 한 말이다. 분주한 자들의 인생이 가장 짧다. 독서에 대한 것도 비슷하다. 책을 읽지 않는 가장 큰 이유 역시 바쁘기 때문이다. 근데 과연 그게 진실일까? 난 동의하지 않는다. 바빠서 책을 읽지 않는 게 아니다. 책을 읽지 않으니까 바빠지는 것이다. 이래저래 순서가 중요하다. 순서만 제대로 인식해도 많은 문제를 해결할 수 있다.

정안여득

장자는 허정虛靜을 추앙했다. 텅 비어 고요하고 욕심 없이 담박하며 적막하게 아무것도 하지 않는 것을 말한다. 성인은 허정을 통과해야 비로소 작은 사물도 통찰할 수 있는 경지에 이른다. 주희도 하루의 반은 책을 읽고 반은 정좌를 해야 한다고 주장했다. 초학자는 먼저 정좌를 하고 일정 시간이 흘러 마음이 안정하기를 기다린 후 성찰의 극치를 가르쳐야 한다. 왕양명의 학문법이다.

고요함 뒤에 안정하며 안정해야 생각할 수 있고 생각해야 얻을 수 있다. 정안여득靜安慮得이다. 진정한 평안이란 마음이 평온해지는 것이다. 정靜은 생명의 근본이고 동動은 근본의 확장이다. 움직임이 극에 이르면 고요하게 되고 고요함이 극에 이르면 다시 움직임이 생긴다. 한 번의 움직임과 고요함이 서로 뿌리가 된다. 동만 있고 정이 없으면 생명의 근본을 잃는 것이다. 움직이기 위해서는 쉬어야 한다. 쉬어야 움직일 수 있다.

정착이 먼저다

인구가 늘면서 식량 압박이 시작되었고 이를 해결하기 위해 인류가 선택한 것이 농경이다. 농경은 제한된 면적에서 식량 생산을 극대화하기 때문에 늘어난 인구를 부양할 수 있게 되었다. 20세기 후반 튀르키예에서 발굴된 차탈회위크 유적은 인류의 이런 과정을 잘 보여준다. 고고학자들은 이곳에 모여 살던 주민들이 처음에는 수렵, 채집, 목축으로 생계를 유지하다 식량 문제에 맞닥뜨리자 원시 농업으로 식량을 보충했다는 사실을 확인했다. 학교에서는 '농업 시작→정착 생활'이라는 패턴으로 가르친다. 하지만 차탈회위크 유적을 발굴함으로써 고고학자들은 '정착 생활→농업 시작'이라는 새로운 주장을 하게 되었다.

수렵과 채집은 짧은 시간에 식량 문제를 해결해준다. 반면 농경은 씨를 뿌리고 물을 주고 잡초를 제거하는 노동력과 곡물이 성장하는 긴 시간을 필요로 한다. 수렵 채집민이 농민으로 전환하는 일은 100일 동안 햇빛을 보지 않고 쑥과 마늘만으로 연명하는 것만큼

이나 힘겨운 과정이었을 것이다. 결국 호랑이로 상징되는 부족은 이 고된 과정을 버티지 못하고 튕겨 나갔다. 그리고 남은 곰 부족은 환웅 세력과 연대해 고조선을 건설했다. 유성운의 저서 『한국사는 없다』에 나오는 내용이다.

조달

코로나19를 통해 공급망 관리scm에 관한 관심이 높아졌다. 공급망 관리는 말 그대로 공급사슬을 관리한다는 의미다. 이게 잘못되면 과잉재고 혹은 부품 부족으로 생산에 문제가 생긴다. 애플과 삼성전자가 돈을 잘 버는 이유 중 하나로 효과적인 공급망 관리 체계를 꼽는 이들이 많다. 비슷한 단어로 구매와 조달 등이 있다. 구매購買는 구하고 산다는 뜻인데 조달과는 다르다. 조달調達은 고를 조調, 통달할 달達이다. 고를 조에는 머천다이징의 의미가 있다.

근데 실제는 무조건 가격만 보는 까닭에 더 큰 문제가 생긴다는 여론이 있다. 조달을 잘하기 위해서는 싸게 사는 걸 강조하기보다 좋은 걸 고르라고 강조해야 하지 않을까? 최저가 조달 정책으로 부실한 물건이 채택되는 사례가 많다는 얘기를 들었다. 조달청 관계자에게 조달의 의미를 전달하고 싶다.

조용필 뒤에서 노래 부르기

강연 전 꼭 전후 일정을 확인한다. 특히 내 강의 전 어떤 일정이 있는지 아는 것이 중요하다. 가능하면 강의 전 나도 그 자리에 참석해 어떤 일이 일어나고 있고 분위기가 어떻고 반응이 어떤지 꼼꼼하게 살핀다. 그럼 강의에 도움이 된다. 만약 내 강의 전에 높은 사람이 나타나 분위기를 얼어붙게 만들면 강의는 힘들어진다. 앞 시간에 너무 유명한 강사가 강의하는 것도 도움이 되지 않는다. 가능하면 머리 맑은 오전 시간에 밝은 분위기에서 내 책을 읽은 팬들이 많으면 강의는 쉬워진다.

강의는 강사의 역량만큼 강의 전후 맥락이 중요하다. 특히 앞 시간이 어땠는지가 결정적 영향을 준다. 순서에 따라 똑같은 강의라도 완전히 다른 강의가 되는 것이다. 최악은 무지 유명한 강사에 이어 내가 등장하는 것이다. 마치 조용필 다음에 노래를 부르는 것과 같다. 조용필 노래를 들으면 사람들의 기대는 한껏 올라간다. 웬만큼 잘하지 않고는 관객을 만족시킬 수 없다. 본전 찾기 어렵다. 누구라도 여기서는 폭망이다.

인생에도 순서가 중요하다. 고생과 호강을 각각 한 번씩 한다면 어떻게 배치하는 게 유리할까? 고생을 먼저 하는 게 유리하다. 젊어서 고생하고 말년에 호강하는 게 낫다. 오죽하면 "젊어서 고생은 사서도 한다."라는 말이 나왔을까? 하지만 '늙어서 고생은 사서도 한다.'는 말은 없다. 말년 고생은 비참하기 때문이다. 근데 왜 그럴까? 젊은 시절의 좋은 경험이 프레임으로 작동해 말년 고통이 더 힘들게 느껴지기 때문이다.

하루 일과의 설계도 그렇다. 어차피 일과 쉼을 각각 한 번씩 한다고 하면 어떻게 배치해야 할까? 하기 싫은 일과 하고 싶은 일의 배치는 어떻게 해야 할까? 볼 것도 없다. 힘든 일이나 하기 싫은 일을 먼저 배치하고 좋아하는 일이나 하고 싶은 일은 뒤에 배치하는 게 유리하다. 힘든 일을 먼저해야 한다. 내가 새벽 3시에 일어나 일을 하는 이유이기도 하다.

조직문화가 먼저다

기존 연구는 조직문화를 비이성적인 영역으로 간주했다. 반면 전략은 합리적이고 이성적인 영역으로 생각했다. 전략을 제대로 수행하려면 조직문화를 적극 관리하고 통제해야 한다고 주장해왔다. 근데 이 말이 과연 맞는 말일까? 전략이 우선이고 조직문화가 다음이라는 이 말이 합리적일까? 그렇지 않다. 조직문화란 토양이 좋지 않으면 전략은 성공하지 못한다. 성공할 수가 없다.

조직문화가 먼저고 다음이 전략이다. 조직문화가 괜찮으면 전략이 다소 엉성해도 성공할 수 있다. 하지만 반대로 조직문화가 그렇지 않으면 전략이 아무리 훌륭해도 성공할 수 없다.

좋아하는 걸 찾기 위해 싫어하는 일을 찾아라

사업으로 성공한 지인 중 한 사람에게 들은 얘기다. 그저 그런 대학에서 공부도 열심히 하지 않고, 그렇다고 특별한 재능이 있는 것도 아니고, 뭔가 뚜렷하게 잘하거나 좋아하는 게 있는 것도 아니라 '나는 앞으로 무얼 해야 할까?'라는 원초적 질문을 던지다 문득 싫어하는 것의 목록을 적기 시작했다. 누군가의 밑에서 일하는 것, 비숯한 일을 계속하는 것, 지루하고 답답한 것 등등. 그러다 직장 생활을 포기하고 당시 유행하던 오퍼상을 차려 성공했다는 것이다.

별거 아닌 것 같지만 '싫어하는 걸 먼저 생각하고 살아남은 것 중에서 선택하자.'는 그의 발상이 신선했다. 좋아하는 것보다는 싫어하는 게 명확하다. 좋아하는 이유는 뚜렷하지 않지만 싫어하는 이유는 뚜렷하다. 그러다 내가 좋아하는 백영옥의 글을 보고 그녀 역시 나와 비슷한 생각을 하고 있다는 사실을 알 수 있어 기뻤다. 이런 내용이다.

"싫어함이란 무엇일까? 내가 누구인지 모른다면 '좋아하는 것'이 아니라 '싫어하는 것의 리스트'를 먼저 파악하는 것이 도움이 된다. 싫음은 본능적이다. 싫음은 좋음보다 더 강렬하고 잔상은 더 오래 남는다. 백 개의 선플 중 단 하나의 악플만 있어도 사람의 마음은 쉽게 무너진다. 싫음을 잘 알아야 하는 이유는 이것이 각자가 가지고 있는 '기준선'을 드러내기 때문이다. 싫음은 '선 긋기'의 예비 단계다. 사람마다 기준선은 천차만별이다. 선 긋기는 타인에게 내가 어떤 사람인지 가장 선명하게 알리는 기술이다. 내가 무엇을 참을 수 없고 어떤 것들을 받아들일 수 없는지 보여주기 때문이다. 싫어하는 것의 리스트를 채우고 나면 좋아하는 것의 리스트도 점차 알게 된다."

이런 식의 접근은 삶에 도움이 된다. 결혼 상대자를 찾을 때, 직업을 찾을 때, 여행지를 선택할 때, 그 사람과의 만남을 계속할지 고민할 때 등등. 좋아하는 걸 찾기 전에 자신이 견디지 못하는 걸 찾아라. 견디지 못하는 걸 지우다 보면 좋아하는 그 무언가를 발견할 수 있을 것이다.

좋아하는 일을 찾는 순서

좋아하는 일을 찾는 데도 순서가 중요하다.

첫째, 시기별로 해야 할 일이 있다. 공부가 될 수도 있고 운동이 될 수도 있고 부모님 말을 잘 듣는 것일 수도 있고 친구들과 잘 사귀는 것이 될 수도 있다. 이를 충실히 착실하게 잘해야 한다.

둘째, 그런 과정을 통해 할 수 있는 일의 가짓수를 늘려야 한다. 할 수 있는 일이 많아야 먹고살 수 있고 다양한 직업에 도전할 수 있다. 할 수 있는 일은 해야 할 일을 열심히 하는 과정에서 얻을 수 있다. 근데 나이가 들수록 많은 사람은 싫어하는 일의 가짓수만 늘어난다. 공부도 싫고 운동도 싫고 사람 만나는 것도 싫고 등등. 그럼 정말 대책이 없다.

마지막이 하고 싶은 일이다. 사실 이게 가장 어렵다. 자신이 무얼 하고 싶은지 아는 건 정말 어렵다. 대부분 죽을 때까지 자신이 어떤 일을 좋아하는지 모른 채 죽는다. 하고 싶은 일을 찾기 위해서는 시간과 노력을 투자해야 한다. 인턴 몇 달 한다고 알 수 있는 게 아니다. 좋아하는 일은 쉽게 모습을 드러내지 않는다. 어떤 일을 하느냐보다 그 일을 어떻게 할 것인지를 궁리해야 한다. 평범한 일도 비범하게 해야 한다. 남다른 방법으로 해야 한다. 일의 본질에 접근할 수 있어야 하는데 대부분 여기까지 도달하지 못한다. 또 다른 건 해야만 하는 일이다. 하기는 싫지만 꼭 해야만 하는 일을 잘해야 한다.

그런 기본 의무를 못하는 사람이 잘하는 일을 찾기는 어렵다. 아니 그런 기회가 오지 않는다.

일단 무슨 일이든 시작이 중요하다. 사소한 일이라도 일단 시작해야 한다. 기웃거리기만 하면 죽는 날까지 아무 일도 일어나지 않을 것이다. 처음에는 억지로 일할 확률이 높다. 근데 그런 일을 비범하게 하면 할 수 있는 일이 늘어나고 특정 일을 능숙하게 할 수 있다. 어떤 일을 능숙하게 하고 그 일이 사람들에게 도움이 되면 조금씩 돈이 된다. 어렴풋하게 이 일이 생각보다는 괜찮다는 생각이 든다. 돈이 되면 그 일을 좋아하고 사랑할 수 있다. 그러면서 기회의 문이 넓어진다.

사랑하는 일은 아무에게나 주어지지 않는다. 극소수의 사람들에게만 오는 축복이다. 골프도 그런 것 같다. 최고의 골퍼 고진영의 얘기가 비슷한 영감을 준다. "골프 클럽을 잡을 때마다 신중한 판단을 위해 노력한다. 경기 중 하고 싶은 샷, 할 수 있는 샷, 해야 하는 샷을 놓고 갈등할 때가 많다. 그럴 때마다 하고 싶은 샷 대신 할 수 있는 샷과 해야 할 샷 중 하나를 선택해 집중했다. 그게 좋은 결과로 이어진 것 같다."

좋은 사람을 만나는 것과 좋은 사람이 되는 것

주변에 노처녀 노총각이 즐비하다. 비혼주의자는 아니고 좋은 사람을 만나면 결혼하겠다는 사람이 대부분이다. 결혼 얘기만 나오면 이들은 늘 같은 레퍼토리를 반복한다. "아직 좋은 사람을 만나지 못했다. 좋은 사람을 만나면 결혼하겠다."라는 것이다. 그 얘길 들을 때마다 몇 가지 질문이 머릿속을 맴돈다. 좋은 사람이란 누구일까? 좋은 사람이 이 사람과 결혼하려고 할까? 좋은 사람을 만나고 그 좋은 사람과 결혼하려면 어떻게 해야 할까? 좋은 사람을 만나기 위해서는 내가 먼저 좋은 사람이 되어야 한다. 내가 못된 사람인데 좋은 사람이 나를 좋아할 리 없다.

근데 좋은 사람은 누구일까? 내가 생각하는 좋은 사람은 친절한 사람, 측은지심이 있는 사람, 자기 못지 않게 다른 사람을 배려하는 사람이다. 엄마들이 자식들에게 자주 하는 "좋은 친구를 사귀어라." 란 말도 비슷하다. 좋은 친구를 사귀라고 말하기 전에 내가 먼저 좋은 친구가 되어야 한다. 회사도 그렇다. 좋은 회사를 들어가는 것도 중요하다. 하지만 이전에 내가 좋은 직원이 되어야 하고 내가 들어간 회사를 좋은 회사를 만들 수 있어야 한다.

변화의 가장 중요한 특성은 남이 아니라 자신만을 변화시킬 수 있다는 것이다. 다른 사람은 절대 변화시킬 수 없다. 세상에서 변화시킬 수 있는 건 자신뿐이다. 내가 먼저 나 자신을 변화시켜야 한다. 나를 잘 갈고닦아야 한다. 나를 좋은 사람, 뛰어난 사람으로 만들어야 한다. 그럼 기회는 온다. 내 그릇이 엉망이면 오던 기회도 도망을 간다.

좋은 제품과 서비스가 먼저다

요즘 구독경제가 인기다. 상품을 단품으로 파는 대신 신문을 구독하는 것처럼 서비스를 정기 구독하게 하자는 것이다. 대표 회사 중 하나가 소프트웨어 회사 어도비다. 이 회사는 패키지로 판매하던 전략 대신 서브스크립션으로 전환해 큰 성공을 거두었다. 근데 과연 이 회사가 서브스크립션이란 전략 덕분에 성공했을까? 그렇지 않다. 어도비의 강점은 단지 제품 사용자가 많다는 데 있지 않다. 대체 불가능한 수준의 제품을 보유하고 있다. 뛰어난 제품을 이미 20년 넘게 판매하고 있고 이 제품에 전적으로 의존하는 디자이너와 크리에이터가 전 세계에 수없이 많다.

어도비가 서브스크립션으로 성공할 수 있었던 이유는 서브스크립션이라는 새로운 사업 모델 덕분이 아니다. 이미 양질의 제품과 다수의 충성 고객층을 갖추고 있기 때문인 것이다. 근데 많은 사람이 이런 배경을 보는 대신 서브스크립션이란 겉모습에 현혹해 회사 전략을 바꾼다. 본질을 모르는 사람이다 맥락을 읽지 못하고 현상만 보는 사람이다. 후진 제품이 서브크립션을 한다고 팔리는 건 아니다. 후진 건 후진 것이다.

지덕체와 체덕지

지덕체智德體를 갖춘 인간이 돼라. 어린 시절부터 귀에 못이 박히도록 들은 내용이다. 중요성을 의심한 적이 없다. 근데 순서에 대해 의문이 생겼다. 아는 게 그렇게 중요할까? 아무리 알아도 체력이 없거나 싸가지가 없으면 소용없지 않을까? 개인적으로 난 몸이 가장 중요하다고 생각한다. 그래서 『몸이 먼저다』 『고수의 몸 이야기』와 같은 책을 썼다. 그다음은 덕이다. 덕이 재능을 앞서는 덕승재德勝才를 지향한다. 마지막이 지란 생각이다.

이는 나만의 생각이 아니다. 영국의 철학자 존 로크 역시 지덕체가 아니라 체덕지 순으로 아이를 교육해야 한다고 주장했다. 이 이론에 따라 이튼 스쿨 같은 영국의 명문 학교는 지금도 운동을 제일 많이 시키고 이어 덕성을 훈련한다. 우리는 어떤가? 완전히 반대로 교육한다. 하루 종일 학생을 가두어둔 채 머리만 사용하게 한다. 가두리 양식장이고 양계장이다. 누가 봐도 정상적이지 않다. 체력을 먼저 길러야 한다. 게으름, 나태, 짜증, 우울, 분노는 체력이 떨어졌을 때 나타나는 현상이다. 체력이 몸을 지배한다는 증거다. 하나고등학교 역시 체덕지를 순서로 한다는 얘기를 들은 적이 있다. 바람직한 현상이다. 내 몸을 컨트롤할 수 있으면 내 인생도 컨트롤할 수 있다. 내 몸을 컨트롤할 수 없으면 내 인생도 컨트롤할 수 없다.

지식 생산의 기술

지식 생산을 위해서는 일단 일정량을 모아야 한다. 축적이 먼저다. 다음은 정보의 분류다. 난 늘 이 정보를 어느 카테고리에 넣을까 고민한다. 여기가 좋을 것도 같고 저기가 적당할 것도 같은 경우가 많다. 그래서 어떨 때는 여러 곳에 겹치기 출연을 하기도 한다. 근데 정보의 분류 자체는 매우 지적인 작업이다. 그때 머리가 활발하게 움직인다. 내가 생각하는 정보의 분류는 정보에 새로운 가치를 부여하는 작업이다. 그렇기 때문에 정리되지 않은 정보는 쓰레기라

할 수 있다. 그런 정보는 아무리 많아도 무용지물이다. 분류한 정보와 정보를 연결하고 새로운 의미를 부여하고 빈 곳에 내 생각을 채울 때 비로소 가치 있는 지식으로 다시 탄생하게 된다.

또한 지식 생산을 위해서는 편집과 짜깁기의 공통점과 차이를 알아두는 것이 필요하다. 둘 다 관련 정보를 모았다는 공통점이 있는데 그 안에 나만의 생각과 의견이 있냐가 다르다. 내 의견이 있으면 편집이고 내 의견이 없으면 짜깁기다. 지식이란 정보와 정보 사이의 상관관계를 발견하는 일이다. 빈 공간을 그냥 놔두면 짜깁기이고 빈 공간을 자기만의 생각으로 해석할 수 있으면 편집이다.

지쳐가는 순서

어려운 취직의 관문을 통과한 신입직원은 의욕에 넘치지만 시간이 지나면서 맛이 가기 시작한다. 순서가 어떻게 될까? 모든 일이 다 비슷한 순서로 진행된다.

첫째, 흥분한다. 새로 사회생활을 시작한 신입사원이나 새로 직장을 옮긴 사람은 흥분한다. 하지만 그런 식의 흥분은 쉽게 식고 일에서 더 이상 재미를 느끼지 못한다.

둘째, 좌절한다. 계속 재미없는 직장 생활을 어떻게 계속할 것인지 충격을 받는다. 그리고 부인한다 동시에 나아질 거라고 하면서 자위한다. 다음은 두려움이다. "아니, 어떻게 된 거지? 언제까지 이걸 계속해야 하는 거야? 혹시 죽을 때까지 이렇게 살아야 하는 거 아냐?"

셋째, 분노한다. 동시에 누구를, 어떤 것을 비난할 것인지 끊임없이 찾는다. 회사를 비난하면서 지금 이런 상태는 절대 내 잘못이 아니라고 자위한다. 그러면서 부정적인 사람으로 변한다. 그러다 보면 같이 욕해줄 사람을 찾게 되고 그런 사람끼리 모이게 된다. 회사에는 이런 부정적인 사람들이 자주 모여 의견을 나누는 장소가 있다. 만약 그런 장소를 모른다면 그것은 당신이 긍정적이기 때문이다. 또 이들은 활기차게 직장 생활을 시작했지만 지치기 시작한 사람들을 귀신같이 찾아내는 특성이 있다. 그들에게 접근해 부정적인 정보를 많이 제공하면서 부정적인 사람들에게 확신을 심어준다. 사람들을 더 부정적으로 훈련한다. 지금의 이런 고난은 당신의 잘못이 아니라고 꼬드긴다. 또 이들이 가장 싫어하는 사람이 있다. 바로 긍정적이고 주도적인 사람들이다.

넷째, 받아들인다. "인생이란 결국 이렇게 살다 가는 거 아니냐? 다른 데 가봐도 별 뾰족한 수가 있느냐?" 하면서 스스로 위로하고 끊임없이 자신의 불평 거리를 찾으면서 시간을 보낸다.

질문의 순서

서울대학교 최인철 교수의 『프레임』에 나오는 대목이다. "데이트가 행복에 도움이 될까? 이를 알기 위해 질문을 하는데 가장 먼저 행복한지 묻고 이어 지난달에 데이트를 몇 번 했는지 묻는다. 그 결과 데이트와 행복의 상관관계 지수는 0.1이다. 별로 관계가 없다는 것이다. 다음에는 순서를 바꾼다. 지난달에 데이트를 몇 번 했는지 묻고 이어 요즘 얼마나 행복한지 묻는다. 그 결과 상관관계가 0.6이나 된다. 무려 6배가 오른 것이다. 당연히 데이트가 행복에 결정적 영향을 끼치는 것이다. 같은 질문인데 왜 이렇게 상관관계가 달라질까? 앞의 질문이 뒤에 나오는 질문을 해석하는 프레임으로 작동하기 때문이다."

최인철 교수의 해석을 좀 더 살펴보자. 먼저 행복한지 묻고 이어 데이트 횟수를 물을 때는 왜 상관관계가 약할까? 별생각 없이 행복에 관해 얘기할 것이고 이어 데이트 횟수에 관해 답변해야 하는데 횟수를 왜곡할 수는 없는 일이다. 당연히 행복과 데이트는 따로 논다. 상관이 없어 보인다. 두 번째로 데이트 횟수를 묻고 이어 행복한지 물으면 어떤 일이 일어날까? 데이트하면서 느꼈던 행복을 떠올리면서 행복하다고 답하게 된다. 데이트를 많이 했다고 답한 사람은 행복을 데이트의 프레임으로 보게 되는 것이다. 당연히 행복하다고 판단할 가능성이 높다.

같은 질문도 순서에 따라 달라진다. 앞의 질문이 뒤의 질문에 영향을 주기 때문이다. 난 회의를 주관하거나 강의를 시작할 때 이를 염두에 두고 말을 꺼낸다. 처음 꺼낸 말이 나머지 모두에 영향을 끼치기 때문이다.

9

ㅊ, ㅋ, ㅌ, ㅍ

채용의 순서

사람을 판단할 때는 눈에 보이는 세계와 눈에 보이지 않는 세계를 동시에 볼 수 있어야 한다. 보이는 세계는 이력서와 자기소개서다. 그 사람의 학력, 가정, 살아온 이력 등은 볼 수 있다. 하지만 그 사람의 됨됨이, 건강 상태, 열정이나 태도, 따뜻한 사람인지 냉정한 사람인지의 여부는 판단할 수 없다. 면접에서는 이 부분이 보이는 세계만큼 중요하다. 제대로 사람을 뽑기 위해서는 양쪽을 종합할 수 있어야 한다. 이런 맥락에서 삼성의 이병철은 이판과 사판을 동시에 볼 수 있었던 인물이다. 신입사원의 이력서와 관상과 사주팔자를 동시에 활용하였다. 무엇보다 그 사람이 배신하지 않을 사람인지, 복이 많은 사람인지를 유심히 봤다고 한다. 근데 순서가 있다. 선사판_{先事判} 후이판_{後理判}이다. 먼저 이력서를 보고 이후에 관상 같은 이판을

본 것이다.

관상의 영역은 크게 두 가지로 분류한다. 관형觀形과 찰색察色이다. 관형은 이목구비가 어떻게 생겼는가를 살피는 영역이고 찰색은 얼굴색 또는 얼굴에서 품어져 나오는 기운을 살피는 일이다. 관형은 그 사람의 장기적 운세를 전망할 때 참고하는 부분이다. 찰색은 단기적 전망을 할 때 본다. 관형은 부모에게 물려받는 부분이라 성형수술 전에는 바뀌지 않는다. 하지만 찰색은 그때그때 상황에 따라 수시로 변한다. 예를 들어 고스톱을 치면서 '쓰리고에 피박'을 당하는 사람은 안색이 확 변하게 마련이다. 일이 잘 풀리는 사람들은 안색이 훤하고 코너에 몰려 고전하는 사람은 안색이 시꺼먼 경우가 많다. 그 사람의 마음 상태가 안색에 반영된다는 사실을 알 수 있다. 조용헌 선생의 주장이다.

채워야 비울 수 있다

흔히 마음을 비우라고 한다. 모든 것을 내려놓으라고 한다. 근데 그게 가능할까? 비우고 싶다고 비울 수 있을까? 내려놓고 싶다고 내려놓을 수 있을까? 그건 노력해서 될 문제가 아니다. 비우기 위해서는 일단 채워야 한다. 채운 다음 비울 수 있다. 채운 것이 없는데 무얼 비운단 말인가? 특히 이런 말을 하는 젊은이들을 보면 웃긴다는 생각이 든다.

철이 없다, 철이 들었다고 할 때의 철은 계절을 뜻한다. 철이 들었다는 말은 철에 맞는 행동을 하는 걸 뜻한다. 20~30대는 계절로 하면 봄이다. 씨를 뿌리고 열심히 땀을 흘리는 계절이다. 꽉꽉 채우는 계절이다. 밑천을 장만하는 시기다. 돈이 될 수도 있고 전문성이 될 수도 있고 인맥이 될 수도 있다. 이때는 욕심껏 살아야 한다. 하고 싶은 것 다 해보고 갖고 싶은 것 다 가져봐야 한다. 그런 다음 비우든지 말든지 해야 한다. 채우지 않은 채 비울 것도 없는 사람이 비운다는 말을 하는 건 어딘가 이상하다.

처음이 중요하다

수많은 예술적 노력이 성공으로 연결되는지를 결정하는 여부는 행운에 달려 있다. 사회학자 던컨 와츠의 연구팀은 예술 분야가 사소해 보이는 우연한 사건에 어느 정도 의존하는지 궁금했다. 그는 스타가 되려는 뮤지션을 대상으로 '뮤직랩'이라는 실험을 구상했다. 연구팀은 한 웹사이트에 인디밴드 48개의 이름과 밴드별로 노래 한 곡씩을 게시했다. 웹사이트 방문자들은 자신이 선택한 노래를 얼마나 좋아하는지 평점을 매기는 조건으로 48곡 가운데 아무 노래나 내려받을 수 있었다. 연구팀이 평점의 평균을 냈는데 결과는 천차만별이었다. 대다수가 높게 평가한 곡은 몇 개 되지 않았고 낮게 평가한 곡도 몇 개 되지 않았다. 높은 평가를 받은 곡과 낮은 평가를 받은 곡 사이에는 상당한 점수 차가 있었지만 평가의 일관성은 없었다.

이어 8개의 독립 웹사이트를 만들고 각 사이트에 이전처럼 밴드 이름 48개와 노래를 게재했다. 그리고 노래별 다운로드 횟수와 평균 평점을 확인할 수 있도록 했다. 그러자 객관적 평가에서 26위를 했던 '52 메트로' 밴드가 방문자의 피드백이 포함된 8개의 웹사이트에서 극적으로 엇갈리는 평가를 받았다. 한 사이트에서는 1위에 올랐고 다른 사이트에서는 40위에 그쳤다. 같은 노래가 1위와 40위라니? 이걸 어떻게 설명할 수 있을까? 결국 어떤 노래에 대한 평가는 첫 방문자가 어떤 평점을 부여했는지에 달려 있다는 것이다. 첫 방문자가 좋은 평점을 남기면 후광 효과가 만들어지면서 다른 사람들도 그 노래에 좋은 평점을 매길 가능성이 높아지는 것이다. 반대로 첫 방문자의 평가가 나쁘면 나머지 사람들도 그 곡을 좋아하지 않으면서 순위가 계속 뒤로 밀리게 된다. 로버트 H. 프랭크의 저서 『실력과 노력으로 성공했다는 당신에게』에 나오는 내용이다.

최초의 정보

"이 사람은 어떤 성격인가요?"라는 질문에 A그룹은 "첫째, 이 사람은 지적입니다. 둘째, 이 사람은 부지런합니다. 셋째, 이 사람은 충동적입니다. 넷째, 이 사람은 비판적입니다. 다섯째, 이 사람은 고집이 셉니다. 여섯째, 이 사람은 질투심이 강합니다."라고 제시했다. B그룹은 순서를 반대로 바꿔 "첫째, 이 사람은 질투심이 강합니다. 둘째, 이 사람은 고집이 셉니다. 셋째, 이 사람은 비판적입니다. 넷째, 이 사람은 충동적입니다. 다섯째, 이 사람은 부지런합니다. 여섯째, 이 사람은 지적입니다."라고 제시했다.

결과는 어땠을까? 같은 사람에 대한 평가이고 순서만 달리했다. 그런데 A그룹은 이 사람을 지적인 사람으로 평가했고 B그룹은 이 사람을 질투심 강한 사람으로 평가했다. 최초의 정보가 사람들에게 어떤 영향을 주는지에 대한 깨달음을 주는 실험이다.

축구를 좋아한다고?

"한국 사람은 축구를 좋아하지 않는다. 이기는 걸 좋아한다. 이기려면 좋아하고 즐겨야 하는데 우린 앞뒤가 바뀐 것 같다." 월드컵이 코앞인데 너무 무관심한 분위기에 이영표가 던진 말이다. 난 이 말에 영감을 받아 이렇게 되뇌었다. "한국 사람은 일 을 좋아하지 않는다. 대신 돈을 좋아한다. 일을 좋아해야 돈이 생기 는데 돈의 원천인 일을 싫어하면서 어떻게 돈을 벌 생각을 하는가? 순서가 잘못이다."

축열과 방열

온돌의 핵심은 축열과 방열이다. 열을 효과적으로 축적하고 서서히 방열할 수 있어야 한다. 세상 이치도 그렇다. 한 분야에서 일가를 이루고 그 업계에서 한가락 하려면 뭔가를 꾸준히 쌓을 수 있어야 한다. 계속 축적하는 메커니즘을 만들거나 습관을 만들어야 한다. 지식, 경험, 좋은 인맥, 체력 등 많은 것이 그렇다. 축적 없이 갑자기 원하는 뭔가를 이루긴 어렵다. 그래서 1만 시간의 법칙이란 말이 나왔다. 요즘은 6만 시간의 법칙을 얘기하는 사람도 있다. 1만 시간은 매일 10시간씩 3년을 하면 채우는 셈인데 그 정도 갖고 할 수 있는 일은 별로 없다는 것이다. 특히 학문 분야는 그렇다. 대강 20년은 해야 하는데 난 이 말에 동의한다. 근데 축적만으로는 안 된다. 축적한 걸 효과적으로 쏟아낼 수 있어야 한다. 축적만 하고 배출하지 않으면 변비 현상이 생긴다.

소동파가 말한 "후적박발厚積薄發"도 이 개념과 일맥상통한다. 두텁게 쌓아 살짝 드러낸다는 뜻이다. 글쓰기와 학문은 이래야 한다. 당신은 무엇을 축적하고 있는가? 혹시 축적 없이 방전만 하는 건 아닌가? 아니면 축적도 하지 않고 방전도 하지 않은 채 공회전을 하는 건 아닌가? 난 20년 가까이 책을 소개하고 있다. 이 과정이 내게는 최고의 축적 과정이다. 강의와 글쓰기는 축적한 걸 방전하는 과정이다.

치료 순서

"대부분 의사는 1단계 치료를 먼저 시도하고 잘 안 들으면 2단계 치료로 넘어간다. 2단계 치료로 해결되지 않을 때 마지막으로 사용하는 것이 생물학적 항체의 투여다. 나는 이 전통적인 치료 방법에 문제가 많다고 생각했다. 순서대로 계단을 올라가는 스텝-업 치료는 의사 입장에서는 매우 편리한 방법이다. 치료하다가 안 되니 다음 단계로 넘어가는 건 하등 문제될 것이 없다. 예를 들어 스테로이드라는 약제는 매우 강력한 항염증제라서 사용하면 대부분의 환자가 좋아진다. 하지만 스테로이드는 부작용이 워낙 강해 두어 달 내에 끊는 게 목적인 약이다. 약인데 유지 요법으로 쓰지 못하고 중단하는 것이 목적인 약이라니 참으로 아이러니했다. 이렇게 스테로이드를 쓰다가 중단하면 크론병이 재발하고 다시 사용하면 바로 좋아지지만 중단하면 도로 재발이 예상되니 의사는 자연스럽게 2단계

면역조절 치료로 넘어갈 수밖에 없다. 이런 치료를 하다 보면 금세 여러 해가 흐른다."

최연호 성균관대학교 의대 교수의 저서 『통찰지능』에 나온 내용이다. 한마디로 증상을 약화시키기보다는 그 병의 근본 원인을 제거해야 한다는 말이다. 근본 원인을 놔두고 증상만 없애는 스테로이드를 쓰면 단기적으로는 좋아지는 것 같지만 결국 면역체계가 약화되면서 다른 문제를 야기할 수 있다는 것이다.

그렇다면 어떻게 하라는 것일까? 증상은 그냥 두고 원인 제거를 위해 애쓰라는 것일까? 그건 아니다. 내가 생각하는 방법은 단기 증상은 증상대로 없애야 한다. 하지만 동시에 근본 원인을 제거하기 위해 애써야 한다는 것이다. 하수는 늘 둘 중 하나를 택하려 한다. 단기목표와 장기목표를 두고 둘 중 하나를 결정하려 한다. 결정한 것 외에 다른 목표를 버리려 한다. 그건 아니다. 둘을 다 추구해야 한다. 단기목표를 추구하되 동시에 장기목표를 염두에 두고 일을 해야 한다. 사람을 대하는 것도 그렇다. 인간적으로 대한다고 무조건 오냐오냐 받아주는 건 아니다. 엄격할 때는 엄격해야 한다. 지혜의 근본은 모순처럼 보이는 걸 잘 다루는 것이다. 이것 아니면 저것 or 방식에서 이것을 하면서 동시에 저것도 하는 그리고 and 방식을 택해야 한다.

치지역행

학술의 근원은 지행知行인데 둘은 다르다. 지의 원천은 오감이 느끼는 곳에서 생겨나 안으로 들어온다. 바깥에서 안으로 들어오는 것이다. 행은 지에 따라 안에서 밖으로 나가는 것이다. 지의 성질은 넓음이고 행의 성질은 좁음이다. 붓을 고를 때 백 개 중에 고르는 것과 열 개 중에 고르는 건 다르다. 폭넓게 아는 편이 좋다. 폭넓은 지가 있어야 좋은 선택을 할 수 있다. 지가 앞이고 행이 뒤다. 좋은 것만 알면 안 된다. 나쁜 것도 알아야 한다. 나쁜 것을 알아야 비교를 통해 이게 정말 좋은 이유를 알 수 있다.

학문의 핵심은 지행이다. 두 가지에 힘쓰는 걸 치지역행致知力行이라고 한다. 치지는 알려고 애를 쓰는 것이고 역행은 실행하려고 애쓰는 것이다. 만물을 우선 알아야 한다. 알지 못하면 행하기 어렵다. 아는 것이 먼저다. 근데 알아도 행하지 않으면 아무 소용이 없다. 경중을 따지자면 행함이 더 중요하다. 둘은 바퀴와 같다. 둘이 같이 움직여야 한다. 학문은 지와 행이 나란히 가야 한다. 야마모토 다카미산의 저서 『그 많은 개념어는 누가 만들었을까』에 나오는 내용이다.

캐싱이란

수십 년 동안 컴퓨터 과학자들은 무엇을 간직하고 그것을 어떻게 정리할 것인지를 씨름했다. 그러다 1946년 폰 노이만이 기억계층구조 개념을 생각했다. 작고 빠른 기억은 저장장치로 보내는 대신 다시 쓸 가능성이 높은 내용은 따로 저장했다. 필요 정보를 작업기억에 남겨 주기억장치에 재접근할 필요를 없앴는데 이게 캐싱이다. 자주 참조하는 정보를 계속 담아둔다는 개념이다. 이 개념은 도서관

책 정리에서 아이디어를 얻었다. 필요할 때마다 도서관에서 책을 빌리는 대신 필요한 책을 옆에 두면 도서관에 가는 횟수를 획기적으로 줄일 수 있다.

　문제는 캐시가 다 차면 어떻게 할 것이냐다. 세 가지 옵션이 있다. 첫째, 무작위 퇴거Random Eviction다. 캐시에 새 데이터를 추가할 때 무작위로 기존 데이터에 덮어씌우는 것이다. 완벽하지는 않지만 그렇게 나쁘지도 않다. 캐시를 어떻게 관리하든 캐시를 가졌다는 것만으로도 시스템은 효율적이다. 둘째는 선입선출FIFO, First-In First-Out이다. 가장 오랫동안 캐시에 죽치고 있던 것을 내쫓거나 덮어씌우는 방식이다. 셋째는 최저 사용 빈도LRU, Least Recently Used다. 가장 오랫동안 쓰지 않는 항목을 내쫓는 것이다. 셋 중 마지막 방법, 즉 최저 사용 빈도의 데이터를 지우는 게 가장 효과적이다. 특정 정보를 불러온다는 건 가까운 미래에 다시 불러올 가능성이 높다는 것이고 반대로 오랫동안 사용하지 않은 프로그램은 앞으로도 사용하지 않을 가능성이 높다는 것이다.

　이런 개념을 다시 도서관에 적용하면 재미난 사실을 생각할 수 있다. 도서관의 핵심은 어디에 책을 보관할 것이냐에 있다. 가장 자주 찾는 책을 찾기 쉬운 중앙에 배치하는 것이다. 가장 최근에 찾은 책을 다시 찾을 가능성이 가장 높기 때문이다. 현재 도서관은 어떤가? 중앙에 신간 전시대가 있다. 중앙에 있는 신간 전시대를 뒤편에 두고 가장 최근에 반납된 책을 중앙통로에 두려면 도서관을 뒤집어야 한다. 최근 반납된 책을 중앙통로에 둔다면 서가 정리 과정이 필요 없을지도 모른다. 알고리즘은 핵심을 뽑아내는 기술이다. 무엇이 핵심인지를 뽑고 정렬하고 순서를 매기는 과정이다. 사실 인공지능도 알고리즘을 어떻게 설계하느냐에 따라 품질이 좌우된다. 브라이언 크리스천과 톰 그리피스의 공저 『알고리즘, 인생을 계산하다』에 나오는 내용이다.

큰 바위 얼굴

성형을 하는 게 대세다. 수차례 성형을 한 사람을 보면서 '정말 미치지 않고서야 어떻게 저렇게까지 자기 얼굴에 손을 댈 수 있을까?'라는 생각을 하다가도 '얼마나 예쁜 얼굴을 갖고 싶었으면 저럴까?' 이해를 하고 싶다. 인간에게 얼굴만큼 중요한 건 별로 없다. 얼굴은 그 자체로 그 사람을 나타낸다. 그래서 얼굴 관련 속담이 많다. "얼굴을 들고 다닐 수 없다." "낯짝이 두껍다." "얼굴값을 해라." "꼴값한다." 등등. 근데 얼굴이란 무엇일까? 어떤 얼굴이 아름다운 얼굴일까?

얼굴의 어원은 얼꼴이다. 얼꼴은 얼이 담긴 그릇이란 말인데 얼꼴이 변해 얼굴이 된 것이다. 얼은 정신이고 꼴은 그릇이다. 얼은 소프트웨어이고 꼴은 하드웨어다. 둘 중 하나만 있으면 안 되고 얼과 꼴이 다 괜찮아야 좋은 얼굴을 가질 수 있다는 뜻이다. 얼굴은 거짓말을 하지 않는다. 얼굴은 가장 많은 정보를 나타낸다. 그 사람의 생각과 행동을 겉으로 드러낸다. 장동건이나 김희선처럼 잘생겼느냐 그렇지 않느냐는 부모님이 주신 유전인자에 좌우된다. 하지만 좋은 인상은 개인이 만들어갈 수 있다. 좋은 인상을 갖기 위해서는 개인의 노력이 필요하다. "좋은 이미지는 성공 뒤에 오는 것이 아니라 성공보다 앞서는 것이다. 아름다운 얼굴이 초청장이라면, 아름다운 마음은 신용장이다." 영국 작가 에드워드 불워리턴의 말이다. 나는 큰 바위 얼굴 같은 얼굴을 갖고 싶다. 좋은 관상을 갖고 싶다.

탈수와 갈증

"지식의 부족과 인지 사이에는 어떤 상관관계가 있을까? 지식이 부족한 사람이 지식의 부족을 인지할 수 있을까? 별로 그런 것 같지 않다. 오히려 반대인 경우가 많다. 공부를 많이 할수록 공부가 부족하다고 생각해 더 열심히 공부하고 생전 책 한 줄 보지 않는 사람일수록 공부에 대한 필요성을 느끼지 못한다. 그러면서 지식의 갭이 커진다. 물 부족과 갈증을 느끼는 것 사이에도 비슷한 일이 있다고 한다. 수의탈수증에서 보듯 탈수와 갈증은 별개라는 것이다. 탈수가 일어났지만 몸이 그걸 인지하지 못한다는 말이다." 알렉스 허친슨의 저서 『인듀어』에 나오는 말이다.

이처럼 무언가 부족한 것과 이를 인지하는 것 사이의 관계가 궁금하다. 운동이 부족한 것을 인지할 수 있을까? 어떻게 하면 문제가 생기기 전에 이를 인지할 수 있을까? 인간에 대한 존중이 부족한 사람이 그 사실을 인지할 수 있을까? 어떻게 하면 그 사람으로 하여금 그 사실을 인지하게 할 수 있을까? 경고음을 보낼 수 있는 센서를 만들 수는 없을까? 문득 그런 생각이 떠오른다.

통쾌

2015년 세계야구선수권대회에서의 일이다. 한국은 일본과 두 번을 대결하게 되었다. 예선에선 괴물 투수 오타니 쇼헤이의 강속구에 밀려 5 대 0으로 완패했고 준결승에선 9회까지 3 대 0으로 지고 있었다. 누가 봐도 패색이 짙었다. 근데 4 대 3으로 기적의 역전승을 거두었다. 이 경기를 보면서 난 통쾌痛快란 단어가 연상되었다. 통쾌는 아플 통痛, 쾌할 쾌快,로 구성되어 있다. 아픈 다음 쾌감이 온다는 말이다. 진짜 짜릿함은 큰 고통 뒤에 오는 것이다. 큰 아픔 뒤에 오는 쾌감이 통쾌다.

이 말은 내게 큰 깨달음을 준다. 늘 그 자리에 머물려고 하는 사람, 낯선 곳을 회피하는 사람, 도전을 거부하는 사람, 편한 것을 최고의 가치로 하는 사람은 절대 맛볼 수 없는 것이 통쾌이다. 걸어서 산에 올라간 사람은 통쾌를 느낄 수 있지만 헬기를 타고 올라간 사람은 상쾌할지는 몰라도 통쾌를 느끼긴 어렵다. 이래저래 난 통쾌란 말이 좋다.

파는 순서

예전 회사의 회장님은 수출의 귀재였다. 한국에서는 이미 맛이 간 물건을 동유럽이나 남미 등에 팔아 재미를 봤다. 그의 철학은 다음과 같았다. 그는 제품과 시장을 중심으로 네 분면으로 나눴다. X축은 신제품과 구제품, Y축은 신시장과 구시장이다. 구제품을 구시장에 파는 건 가능성이 없다. 신제품을 신시장에 파는 건 좋지만 비용이 많이 들고 리스크도 크다. 안전한 방법 중 하나가 우리에게 구제품인 걸 새로운 시장에서 팔자는 것이다. 공장에서 일하던 내게 그 말이 신선하게 다가왔다.

보통 수출이라고 하면 우선 국내시장에서 팔아보고 검증한 후 해외로 가는 게 일반적이다. 근데 반대로 해서 성공하는 사례도 종종 있다. 비용이 적게 드는 신흥개발국 니즈에 맞춘 제품을 먼저 개발한 후 그 제품을 거꾸로 선진국 시장이 공급하는 것이다. 선진국에서 통하는 물건으로 신흥시장에 진출하는 것보다 때로는 역혁신이 낫다.

파쇄

최근 모 기업이 공공기관에서 사찰 나온다는 얘기를 듣고 관련한 모든 문세를 파쇄했다고 한다. 하도 파쇄 기계를 돌려 나중에는 이 기계가 열을 받아 작동하지 않았다는 얘기까지 한다. 별생각 없이 쓰는 파쇄破碎는 어떤 의미일까? 한자로는 깨뜨릴 파破, 부술 쇄碎다. 파는 돌로 껍데기를 깨뜨린다는 뜻이다. 파렴치, 파죽지세, 파안대소, 파탄 등에 쓰인다. 쇄는 돌로 쳐서 끝을 본다는 뜻이다. 분쇄, 파쇄, 쇄빙선, 옥쇄, 분골쇄신 등에 쓰인다. 파가 앞이고 쇄가 뒤다.

폐쇄

폐쇄閉鎖는 닫을 폐閉, 열쇠 쇄鎖다. 닫은 후 열쇠로 잠근다는 뜻이다. 닫지 않으면 열쇠로 잠글 수 없다. 닫는 것이 먼저다. 닫아야 잠

글 수 있다. 댓글에 시달리는 유명인이 많다. 너무 알려져 있는데 따른 유명세다. 댓글에 시달리지 않는 방법이 있다. 모든 활동을 중단하고 칩거하는 것이다. 문을 닫고 열쇠로 잠그면 된다. 스스로를 폐쇄하면 된다. 근데 그게 쉽지 않은 것이다.

품성이 먼저다

품성이 먼저일까, 스킬이나 지식이 먼저일까? 품성은 타고나는 것일까, 아니면 후천적으로 기를 수 있을까? 거기에 관해『히든 포텐셜』의 저자 애덤 그랜트는 품성이 먼저고 품성은 기를 수 있다고 얘기한다. 그의 말을 조금 옮긴다. "품성을 성격과 혼동하는데 둘은 같지 않다. 성격은 기질이나 성향이다. 생각하고 느끼고 행동하는 원초적 본능이다. 품성은 본능보다 가치를 우선시하는 역량이다. 만사형통일 때는 품성이 좋은지 나쁜지 구분하기 어렵다. 품성의 진정한 시험대는 상황이 불리할 때 그러한 가치를 지킬 수 있는지가 관건이다. 평상시에 어떻게 반응하는지가 성격이고 어려운 때 어떻게 대응하는지가 품성이다."

'바둑의 신' 조훈현은 어린 나이에 세고에 겐사쿠 선생 문하생으로 들어가 그의 제자가 되었다. 근데 뾰족이 가르치는 것은 없었다. 그와 같이 생활을 하는 것이 전부였다. 그의 부모는 조훈현을 방치하고 있다고 생각해 스파르타식으로 훈련해달라고 부탁했다. 그러자 세고에 선생은 다음과 같은 답변을 했다. "바둑은 예이며 도입니다. 기량은 언제 연마해도 늦지 않습니다. 큰 바둑을 담기 위해서는 먼저 큰 그릇을 만들어야 합니다. 그러기 위해서는 인격 도야가 우선이지요. 훈현이의 기재는 우칭위안과 버금갑니다. 아니, 우칭위안을 능가하는 기사가 되리라고 저는 믿습니다. 저 세고에를 믿고 기다려주시길 바랍니다." 세고에 선생의 주장은 명확하다. 인격 형성이 먼저고 기술과 스킬은 그다음이란 것이다. 근데 인격 형성에는 시간이 걸리기 때문에 서두르면 안 된다는 것이다. 난 그의 주장에 동의한다. 뭐든 중요한 것은 다 시간이 걸린다.

공부는 잘하는데 품성이 나쁜 아이와 공부는 그저 그렇지만 품성이 좋은 아이 둘 중 누가 유리할까? 공부를 잘하면 초년에는 유리하지만 뒤로 갈수록 어려워진다. 본색이 드러나면서 평판이 나빠지기 때문이다. 품성이 좋고 실력이 떨어지면 초년에는 불리하지만 뒤로 갈수록 유리하다. 물론 둘 다 좋으면 최선이긴 하다. 그렇다면 품성을 좋게 하는 최선의 방법은? 부모가 보여주는 삶의 태도가 가장 중요하다. 그다음은 습관인데 가장 중요한 건 수면 습관이다. 충분히 수면해야 몸과 마음의 건강을 유지할 수 있기 때문이다.

필요 먼저, 욕구 나중

운동은 필요한 것이고 휴식은 원하는 것이다. 어느 것을 먼저 해야 할까? 당연히 필요가 먼저다. 필요를 먼저 하고 욕구는 그다음에 해결해야 한다. 휴일 시간도 그렇다. 오전에 쉬는 걸 먼저 하면 오후에는 할 게 별로 없다. 반대로 오전에 운동을 하면 낮잠도 달콤하고 휴식도 느긋하다. 운동을 하는 것은 필요의 문제다. 운동을 꾸준히 해야 건강을 유지할 수 있다. 쉰다는 건 욕망의 문제다. 욕망에 충실한 삶을 살면 삶이 고통스럽고 짧아질 수 있다. 인생을 오래 건강하게 살려면 운동을 먼저 하고 나중에 쉬어야 한다. 필요한 일을 먼저하고 원하는 일은 나중에 하라. 그게 시간 관리다. 김민식 전 MBC PD가 한 말이다.

10

ㅎ

하고 싶은 일을 하고 싶다고?

일이 나를 통제하는가, 내가 일을 통제하는가? 일이 먼저인가, 삶이 먼저인가? 출근할 생각만 하면 설레는 마음에 가슴이 콩당콩당 뛰는가, 아니면 머리가 아파오는가? 일을 하면서 탈진한다는 느낌이 드는가, 일을 통해 나 자신이 나아지고 있다고 생각하는가? 갑자기 100억 원이 생긴다면 지금 하고 있는 일을 어떻게 하겠는가? 아침 출근 시간에 강남역을 오가는 사람의 표정은 어둡다. 반면 퇴근 시간에 강남역은 파티 분위기다. 왜 그럴까? 대부분 사람들이 일을 지겨워하기 때문이다. 이처럼 일은 삶에 엄청난 영향을 준다.

일 관련해 가장 많이 듣는 건 "하고 싶은 일을 하면서 살라."라는 것이다. 난 그런 말을 들을 때마다 "그래서 당신이 하고 싶은 일은 뭔가요?"라고 묻고 싶은 충동을 느낀다. 대부분 사람들은 자신이 하고 싶은 일이 뭔지 모른다. 그저 다른 사람의 욕망을 욕망할 뿐이다. 하고 싶은 일을 하기 위해서는 하기 싫은 일을 할 수 있어야 한다. 해야만 하는 일을 확실하게 할 수 있어야 한다. 하고 싶은 일은 저절로 나타나지 않는다. 기도를 한다고 생기는 것도 아니다. 하기는 싫지만 해야만 하는 일을 생산적으로 하는 과정에서 나오는 결과물이다. 대부분 사람은 죽을 때까지 하고 싶은 일이 뭔지 모른 채 죽는다. 권리보다는 의무를 먼저 수행하라. 그럼 하고 싶은 일이란 선물이 나타날 것이다.

하기 싫은 일부터 하라

주유소에서 차의 기름은 항상 가득 채우는 걸로 한다. 기름이 반이하로 떨어지면 지체 없이 주유한다. 보내기로 한 돈은 즉시 보낸다. 이메일의 답도 바로 한다. 될지 안 될지 대부분 즉석에서 결정한다. 원고 청탁 등 하기로 한 일은 마감 훨씬 전에 보낸다. 할 거면 하고 하지 않을 거면 명확하게 거절한다. 내가 일하는 방식이다. 예전엔 그러지 않았는데 어느 순간부터 하기로 한 일은 바로 해치운다. 특히 하기 싫은 일은 눈 딱 감고 바로 한다.

학문

학문學問은 배울 학學, 물을 문問이다. 배우고 묻는 것이 학문이다. 흔히 학문을 한다고 하면 강의를 듣거나 책을 보고 이해하는 걸로 생각한다. 그래서 학문하는 사람 하면 교수를 연상한다. 내 생각은 조금 다르다. 교수 중에 학문과 담 쌓은 사람이 있고 일반인 중에 학문을 열심히 하는 사람이 있다.

그렇다면 기준점은 무엇일까? 글자에 이미 답이 나와 있다. 묻는 사람이 학문하는 사람이고 묻지 않는 사람은 학문하는 사람이 아니다. 내가 생각하는 학문은 배우고 질문하는 사람이다. 학문의 출발점은 의심이고 결과물은 내 생각의 정립인데 정점은 바로 질문이다. 늘 의문을 품고 질문할 수 있어야 한다. 질문하는 사람이 바로 학자다.

행복을 위해

좋은 일이 있어 웃는다면 일주일에 한 번 웃기도 어려울 것이다. 웃어야 행복해지는 것이다. 그런 면에서 우리는 좀 더 자주 웃어야 한다. 하지만 현실은 그렇지 않다. 세계에서 가장 코미디를 하기 어려운 나라는 어디일까? 아마 대한민국일 것이다. 우리는 웃을 준비가 되어 있지 않다. 그보다는 이 자식들 얼마나 웃기는지 한번 보자 하는 식으로 벼르고 있다. 그러니 무대에 선 사람들도 힘들 수밖에 없다.

어린이들이 가장 잘 웃는다. 힘들게 사는 장애인, 가난한 사람들도 의외로 잘 웃는다. 반대로 세상에 부러울 것 없을 것 같은 부자들은 의외로 얼굴이 굳어 있다. "우리는 행복하기 때문에 웃는 것이 아니다. 웃기 때문에 행복해진다." 현대 심리학의 아버지 윌리엄 제임스의 말이다.

행복의 순서

"행복은 목적이 아니라 생존을 위한 도구다. 만약 먹는 게 괴롭다면 인간은 먹지 않을 것이고 그럼 죽을 것이다. 섹스도 그렇다. 섹스가 싫은데 의무감에서 섹스를 한다면 인간은 번식하지 못하고 소멸했을 것이다. 행복은 생존을 위한 기제다. 먹고 마시고 섹스하는 걸 행복하게 만들어 인간이 살아남게 한 것이다." 연세대학교 서은국 교수의 주장인데 일리가 있다.

일도 그렇지 않을까? 먹고사는 문제를 넘어 일 자체가 행복하다면 인생 자체가 풍요로울 것이다. 당연히 행복은 목적이 아니다. 행복을 위해 사는 게 아니라 일하고 먹고 놀다 보니까 행복한 것 아닐까? 이것 역시 순서가 뒤바뀐 것 같다. 행복을 위해 사는 게 아니라 생존을 위해 행복해야 하는 것이다.

호흡

생명은 호흡이고 호흡은 생명이다. 세상에 호흡만큼 중요한 건 없다. 숨을 몇 분만 쉬지 못해도 우리는 죽는다. 근데 호흡呼吸이란 무엇일까? 호는 내쉬는 것이고 흡은 들이마시는 것이다. 흡호가 아니라 호흡이다. 내쉬는 게 먼저고 그다음이 들이마시는 것이란 의미다. 내쉬면 자연스럽게 들이마시게 되고 내쉬지 못하면 들이마시지 못한다. 들이마시는 것보다는 내쉬는 게 중요하다. 말의 순서를 보면 가치관을 알 수 있다.

혼란이 먼저다

독일의 산림학 교수 리하르트 플록만은 200년 전 요한 고틀립 벡만이 독일의 원시림을 밀어버리고 노르웨이산 가문비나무로 가지런히 열을 맞춰 심어 놓은 숲이 죽어간다는 사실을 알아냈다. 벡만이 인공림을 조성한 뒤 처음 몇 해는 수익성이 좋았다. 1세대는 잘 자랐다. 하지만 2세대로 넘어가면서 퇴행의 징표가 여기저기 나타났다. 목재생산량은 25% 줄었고 숲이 죽어가고 있었다. 무슨 일이 일어난 것일까? 목재생산에만 초점을 맞춰 숲을 설계한 것이 화근이었다.

숲에 쓰러진 통나무와 죽은 나무를 제거하는 것만으로도 숲에 사는 야생동물 종류의 3분의 1정도가 살 곳을 잃는다. 생산량 극대화를 위해 다양성을 줄이자 쉽게 기생식물들에게 착취를 당했다. 1세대는 낙엽이 만든 비옥한 부엽토 덕분에 번창했지만 이후는 산성부엽토가 되었다. 이들은 인공림 대신 숲의 무질서 상태와 다양성 재건을 위해 엄청난 공을 들였다. 고사한 통나무를 다시 옮겨 놓고 죽은 나무나 그루터기도 뽑지 않고 그대로 두었다. 다양한 종류의 나무를 심고 딱따구리와 거미도 다시 풀어놓았다. 그러면서 서서히 숲이 살아났다. 팀 하포드의 저서 『메시』에 나온 이야기다.

많은 사람이 변화하고 싶어 한다. 근데 변화에도 순서가 필요하다. 변화는 질서정연하고 획일적인 것에서 일어나지 않는다. 변화는 혼란을 먹고산다. 혼란이 먼저고 질서는 나중이다. 고기를 잡으려면 먼저 물을 탁하게 해야 한다. 그게 혼수모어混水摸魚다. 혼란을 두려워하지 마라. 변화를 위한 필수 과정이라고 생각하라.

회사후소

회사후소繪事後素는 그림을 그리려면 먼저 바탕을 마련해야 한다는 말이다. 얼굴을 조각할 때도 순서가 중요하다. 처음에 코는 크게, 눈은 작게 해야 한다. 그래야 다듬어나갈 수 있다. 나중에 작은 코를 크게 하거나 큰 눈을 작게 하기는 힘들기 때문이다.

후적박발

두텁게 쌓아 살짝 드러낸다는 뜻의 후적박발厚積薄發은 낭중지추囊中之錐와 통한다. 반대로 아는 게 없으면 시끄럽긴 한데 쓸 만한 내용이 없다. 아는 것도 없으면서 자꾸 아는 척을 하게 된다. 소동파는 부자가 농사짓는 것과 가난한 사람이 농사짓는 것을 이렇게 비유한다. 부자는 여유가 있으니까 땅을 놀려가며 농사를 짓는다. 당연히 땅에 힘에 있고 곡식이 잘된다. 가난한 사람은 땅을 놀릴 틈이 없으니 땅에 힘이 없고 좋은 씨앗을 뿌릴 여유도 없다. 참고 기다릴 여유도 없다. 늘 가난하게 살 수밖에 없다.

공부가 먼저일까, 여유가 먼저일까? 순서를 정하기 어렵다. 여유가 있어야 공부할 수 있고 공부하면 여유가 생기면서 선순환이 일어난다. 반대로 먹고살기 힘든 사람은 여유가 없으니 공부하기 어렵고 그동안 배운 알량한 지식을 방전하면서 근근이 먹고산다. 여유가 생겨도 공부에는 신경을 쓰지 못한다. 먹고살기 위한 공부는 엄격한 의미의 공부가 아니다. 재미도 없고 억지로 할 가능성이 높다. 하고 싶은 공부를 할 수 있어야 한다. 여유가 있을 때 그런 공부를 해야 한다. 그럼 자신을 채울 수 있고 채운 걸 통해 부를 만들 수 있다. 당신은 어떤 사람인가?

힘 주는 게 먼저다

운동 중 가장 자주 듣는 말은 어깨에 힘을 빼라는 말이다. 골프를 칠 때도, 운동을 할 때도, 걸을 때도, 심지어 사람을 만날 때도 어깨에 힘을 빼라고 한다. 근데 쉽지 않다. 그게 잘 되지 않는다. 긴장하면 나도 모르게 힘이 들어가기 때문이다. 헬스를 배울 때도 코치로부터 가장 많이 듣는 말이 어깨에 힘을 빼고 가슴을 내밀라는 말이다. 이 역시 따라 하기가 쉽지 않다. 힘을 뺀다는 것의 정확한 뜻이 무얼까? 힘을 빼고 싶다고 뺄 수 있을까?

내가 트레이너라면 난 순서를 바꾸어 말하고 싶다. 난 어느 부위에 힘을 주라고 할 것이다. 난 이걸 골프를 칠 때 깨달았다. 여러 곳에 힘을 빼야 하지만 가장 중요한 게 바로 그립이다. 그립을 너무 꽉 잡으면 제대로 된 스윙을 할 수 없다. 그립을 잡은 힘을 반으로 줄이면 된다. 헬스를 할 때도 그렇다. 특정 부위에 힘을 빼려면 특정 부위에 힘을 줄 수 있어야 한다. 긴장하면 자기도 모르게 어깨에 힘이 들어간다. 하수는 어깨에 힘이 들어간 상태로 사는데 그 사실을 인지하지 못한다. 늘 어깨에 힘을 빼는 건 아무나 할 수 있는 일이 아니다. 힘을 줄 수 있어야 뺄 수 있고 몸을 부분으로 나누어 힘을 줄 수 있어야 뺄 수 있다. 힘을 뺀다는 말은 쓸데없는 곳에 힘을 낭비하지 말라는 말이다. 정말 힘쓸 곳에 힘을 쓰기 위해 힘을 아끼라는 말이다.

모든 일에는 다 순서가 있는 법

초판 1쇄 발행 2025년 6월 17일
초판 4쇄 발행 2025년 11월 17일

지은이 한근태
펴낸이 안현주

기획 류재운 **편집** 안선영 **브랜드마케팅** 이민규 **영업** 안현영
디자인 표지 정태성 본문 장덕종

펴낸곳 클라우드나인 **출판등록** 2013년 12월 12일(제2013-101호)
주소 우) 03993 서울시 마포구 월드컵북로 4길 82(동교동) 신흥빌딩 3층
전화 02-332-8939 **팩스** 02-6008-8938
이메일 c9book@naver.com

값 19,000원
ISBN 979-11-94534-28-0 03320